AF413966

LOS PILARES DEL POTENCIAL HUMANO

ExLibric

SEBASTIÁN PERALTA GALISTEO

LOS PILARES DEL POTENCIAL HUMANO

EXLIBRIC

ANTEQUERA 2021

SEBASTIÁN PERALTA GALISTEO

LOS PILARES DEL POTENCIAL HUMANO

A mis padres.
A Rocío.
A mis amigos.
A todos los que inspirasteis esta obra.

Índice

Prólogo

Desde hace algunos años siempre quise escribir este libro. Siempre tuve muchas ideas al respecto. Todas ellas partían de preguntas, preguntas cuya búsqueda de respuestas me ayudaban a conocerme mejor a mí mismo. El momento ocurrió, y llegó justo después de defender mi tesis doctoral, cuando el famoso virus SARS-CoV-2 cambió el mundo. Durante unos meses se nos prohibió a los ciudadanos el libre tránsito. Solo se permitía lo imprescindible. Intenté aprovechar ese tiempo para estudiar y aprender cosas pendientes y, cómo no, empezar este libro que desde hacía tiempo rondaba ya en mi cabeza.

Soy farmacéutico, y en los comienzos modernos de mi ciencia, una de las formas de buscar un nuevo principio activo era a base de hacer barridos a cientos de sustancias; de esta manera, se tomaban muchas plantas, hongos y especies vegetales, de las cuales se extraían y analizaban cientos de sus componentes hasta que, ¡eureka!, se encontraba algo interesante, como una sustancia relajante o una molécula anestésica. La cuestión es que en la ciencia y la vida en general las circunstancias suelen ocurrir así. Las cosas no llegan casi nunca a la primera, llegan después de intentarlo y buscar muchas veces, de permanecer e insistir en el camino. Claro, las casualidades también pueden existir, pero si no hay trabajo se disipan rápidamente. Un ejemplo de ello fue Alexander Fleming, un médico muy importante en la historia de la humanidad. Este señor descubrió el primer antibiótico allá por 1928. Fleming trabajaba en su laboratorio y cierto día se fue de vacaciones, teniendo un olvido: dejó una placa de cultivo de bacterias que se contaminó. A su vuelta, lo sencillo hubiera sido desechar la placa de cultivo, pero se detuvo a observarla, descubriendo que había un hongo, el cual había impedido el crecimiento de bacterias. Su descubrimiento fue revolucionario, pero sin el conocimiento y trabajo previo la pequeña oportunidad se hubiera esfumado. En muchas ocasiones, las oportunidades o cientos de buenas cosas llegan a nosotros, pero no se las sabe entender. Como consecuencia, se desechan, se obvian o se interpretan mal. A Alexander Fleming se le volcó un hongo en una placa de bacterias y a todos seguramente algo así nos suceda en mayor o menor nivel cada día. Convertir lo que a priori es una dificultad en algo que nos sea beneficioso, ya sea en lo material, relación o como aprendizaje general, debe constituir la manera en la que se ve y se vive la vida.

Este libro recoge una organización de cientos de ideas destinadas a mejorar y sacar una mejor versión de nosotros mismos, haciéndonos más conscientes de nosotros y nuestro entorno. Por ello, también creí que podría hacer un bien a cualquier lector, y por esa razón decidí publicarlo algún tiempo después. Todas estas ideas están organizadas en cuatro grupos, los cuales denomino pilares por su función de elemento estructural de una persona y constituyente de su base. Los pilares tienen dos funciones principales: una es que nos permiten construir en torno y sobre ellos (subir plantas y hacer paredes); y la otra es que son el soporte de toda nuestra construcción cuando existen adversidades, como terremotos, vientos o tormentas. Además, los pilares desde fuera no se pueden ver. Hay que entrar dentro de la casa y fijarnos para poder encontrarlos. A primera vista están ocultos en las personas. Por estas razones lo titulé así.

A lo largo de los capítulos se exponen consejos y reflexiones, con el objetivo de llegar a constituir un punto de partida en múltiples circunstancias de la vida. En ellos quizás encuentre usted, lector, muchas cosas que ya conocía. Otras no le serán tan útiles, pero con todo mi cariño espero que encuentre también algunos puntos que le inspiren y le ayuden a prosperar y mejorar como persona de alguna manera, porque ese es el fin supremo de este libro.

Como se ha expuesto anteriormente, la estructura de un edificio se encuentra en el interior, y es que la construcción y el desarrollo personal siempre comienzan en el interior; de hecho, todo debería ocurrir en nuestro interior y luego proyectarse fuera. La vida ocurre dentro de la casa y por fuera solo tenemos la fachada. Teniendo en cuenta eso, se puede considerar que gran parte de lo que ocurre en nuestras vidas depende de nosotros, y no me refiero al mundo exterior, porque este no se puede controlar en la mayoría de los casos. Me refiero a dentro de la casa: nuestros sentimientos, emociones, conocimientos, pensamientos, etc. Llegar tan lejos como desees depende solo de ese interior, de la energía que se invierta, de cómo se construya la casa en la metáfora. El potencial nace en nuestro interior, pero ha de ser conducido a un área en concreto. Es algo parecido a lo que ocurre con una bala. Los gramos de pólvora que contiene son muy pocos, pero su detonación ocurre en un lugar muy pequeño y toda la energía se concentra en un estrecho espacio. Es tal la concentración que su explosión empuja la bala a unas velocidades de cerca de 1.000 kilómetros por hora. Sin embargo, si esos pequeños gramos fuesen depositados en una superficie plana como una mesa y fueran prendidos, la energía se desparramaría en todas direcciones, produciendo un leve chisporroteo.

Existe la posibilidad de que ese potencial energético sea focalizado gracias a nuestra conciencia. Dependiendo de esto, variará la intensidad y profundidad de tu vida en cualquier área que se elija. La energía focalizada es poder utilizando las herramientas adecuadas, y quiero considerar este libro como una herramienta de empoderamiento personal.

Capítulo 1. El pilar físico

En este capítulo será tratada la dimensión puramente física de nuestro cuerpo. El cuerpo es una máquina con múltiples limitaciones. Debemos ser conscientes de que nuestro ente físico es producto de una evolución a lo largo de millones de años, en los cuales se ha ido adaptando a las distintas circunstancias que le garantizaban una mayor supervivencia y mejor desempeño en sus actividades. Solo tenemos que mirar nuestras manos; se han convertido en herramientas muy precisas que nos permiten realizar tareas complejas como la destreza de empuñar un arma, escribir e incluso sostenernos. Si cerramos el puño, también son herramientas menos precisas, similares a un martillo, que pueden servir para golpear. Dentro del extenso mundo de la familia mamífera se puede apreciar como otros seres han evolucionado su cuerpo para sobrevivir mejor en otros ambientes. En el mar las ballenas no necesitan la precisión de escribir; la supervivencia reside en remar, en nadar. En este caso, el instrumento son las aletas. Pero hubo un tiempo en que tanto una mano humana como una aleta fueron una cosa indiferenciada; de hecho, en una radiografía de una aleta de ballena se pueden apreciar estructuras óseas similares a la de una mano humana. Este ejemplo puede ser encontrado en multitud de seres vivos, porque, al final, el origen fue igual: una bacteria. El tronco es común y, aunque las ramas se separen, pertenecen al mismo árbol.

De la misma manera que las ramas más altas poseen más hojas para captar más luz, nuestro cuerpo está adaptado a un uso y a un mantenimiento impermutable a lo largo de nuestra vida, que de cambiar necesitaría cientos de generaciones. El pilar físico reside en esto, en leer el manual de usuario. El cuerpo se comunica con nosotros, tiene multitud de sensores y no escucharlo o despreciarlo se convierte en un mal final tarde o temprano. El cuerpo es limitado y caduca, pues tiene fin. El cuerpo nos permite vivir y alcanzar plenitud en su funcionamiento, nos permite desarrollarnos. En este capítulo abordaremos el cuidado y la optimización del mismo desde la perspectiva de la alimentación, el descanso, el entrenamiento y la higiene.

La alimentación

Alimentarse

La alimentación consiste en un conjunto de actuaciones conscientes y voluntarias, basadas en elegir, preparar e ingerir el alimento, constituyendo algo fundamental en la supervivencia de todo ser vivo. El cuerpo es un conjunto de materia y energía, que mediante este proceso mantenemos operativo.

Al contrario de la alimentación, la nutrición es inconsciente e involuntaria y consiste en transformar los alimentos en nuevas estructuras y energía. Mediante la nutrición transformamos la sustancia que ingerimos en parte de nosotros mismos. Una correcta alimentación nos aporta energía para todos los procesos que desempeña el cuerpo, así como materias para la reparación y renovación de estructuras celulares; sin embargo, la manera en que nos alimentamos varía mucho en función de dónde vivimos, nuestra cultura, hábitos, nuestro día a día, entre otras muchas razones. En los últimos tiempos se han producido cambios muy rápidos en nuestro entorno, tan rápidos que nuestro cuerpo no ha cambiado prácticamente respecto a su ambiente anterior. En la alimentación se ha empezado a priorizar la cantidad a la calidad. Además, la industria ha influido en gran medida en el modo en que nos alimentamos, pero en este punto es muy importante considerar que no es igual un alimento que otro y que no es igual un combustible que otro. Cada sustancia que ingerimos influye de una forma diferente en nuestro cuerpo. El dicho «somos lo que comemos» tiene un gran valor, y es que los nutrientes constituyen nuestro cuerpo, que está en constante renovación; de esta manera, ciertas estructuras solo duran horas o días.

Si le pregunto qué edad tiene, me respondería rápidamente una cifra numérica haciendo referencia a su nacimiento. Pero al igual que la gran parte de sucesos de nuestro Universo, esto es relativo. Así, las células que lo forman tienen edades diferentes unas de otras. Por ejemplo, las células del epitelio intestinal se renuevan cada 2-4 días. Los hepatocitos del hígado se renuevan cada 6 meses-1 año. Las neuronas presentan una supervivencia mucho más alta, con una renovación aproximada de 0,5 a 10 % de células al año. En promedio, el cuerpo entero se renueva aproximadamente cada 15 años. ¿Qué edad tiene pues? La renovación con los adecuados elementos estructurales es fundamental y debemos utilizar los mejores ladrillos para renovar nuestro cuerpo.

El tiempo y el cambio

Plutarco, un escritor griego, recoge la leyenda del barco de Teseo, una paradoja sobre lo que somos. Cuenta que, después de múltiples aventuras, Teseo regresó triunfal a su ciudad, Atenas, desde Creta. Allí, en memoria de sus hazañas y aventuras vividas, su barco se sacó de las aguas y se dispuso como una especie de monumento en un sitio destacado, donde la gente pudiera verlo y contemplarlo, rememorando las hazañas del gran héroe. Con el paso de los años, el barco fue envejeciendo y estropeándose. Aun así, fue conservado durante más de 300 años, hasta tiempos de Demetrio de Falero, quien fuera primer bibliotecario de la biblioteca de Alejandría. Al ver la decadencia en la que se llegó a encontrar el barco, los atenienses tomaron la decisión de cuidarlo, de tal manera que conservase todo el esplendor que debía representar. Así que un día se decidió reemplazar los trozos de madera podrida, rota y mohosa. En otra ocasión fueron cambiadas las barandillas oxidadas. Más adelante el mástil principal y algunos de sus remos y así sucesivamente. Los años fueron pasando y al cabo de muchos el barco de Teseo fue reemplazado por otro idéntico. Los filósofos de aquel momento empezaron a cuestionarse si el barco que estaba allí seguía siendo el barco de Teseo.

Las respuestas fueron múltiples y variadas, terminando en diferentes teorías sobre el mismo, entre las que destacaban que el barco ya era otro, que mientras tuviera el 50 % era el mismo, o que mientras tuviera alguna pieza original seguiría siendo el mismo barco. Esto ha constituido una paradoja durante miles de años. ¿Es el mismo barco o es otro?

En el cuerpo, como comentábamos anteriormente, ocurre algo similar. Suena irónico, pero el cuerpo en el que residimos reemplaza continuamente los átomos que lo componen. Nuestro cuerpo es el barco de Teseo en constante cambio. No fue ni será el mismo. Es interesante verlo desde esta perspectiva, y es que ahora no tenemos el mismo cuerpo con el que nacimos, y el cuerpo que tenemos ahora cambiará apreciablemente en unos años. Curiosamente, el cambio no solo es exterior, sino que también es interior. La personalidad evoluciona con el tiempo. ¿O acaso somos los mismos que hace 10 años? Hemos podido vivir en lugares diferentes, hemos podido enriquecernos o empobrecernos, hemos tenido nuevas amistades y relaciones, diferentes responsabilidades, pero sobre todo las prioridades que tenemos son diferentes. ¿O es que nos importa igual lo mismo? Se dice que un hijo cambia la vida, pero la cambia porque modifica sus prioridades, y es un ejemplo más del cambio que experimentamos.

En resumen, esta historia del barco de Teseo tiene dos reflexiones importantes: por un lado, que la vida nos erosiona como hicieron el sol, el viento, el moho y el salitre con el barco de Teseo; y a la vez, como hicieron los atenienses, la alimentación y nutrición sustituye las piezas. La gente no es consciente de esto, de que las células cambian con el tiempo, de que el cuerpo es diferente y su salud y bienestar dependen de las piezas que se colocan. Por otro lado, las personas no solo cambian físicamente. Se cambia de manera de pensar, de opinión, de forma de relacionarse, etc. No entender esto puede hacer que se nieguen los cambios que realmente ocurren. Consecuentemente, se intenta corregir o cambiar a los demás o entender por qué el que ayer te hizo bien hoy te hace mal. Si se piensa que debemos ser agradables, amables con la gente porque ellos lo sean contigo, nos equivocamos, porque no muestra el verdadero barco de Teseo. No podemos esperar que la gente sea amable o agradable cuando nosotros no lo somos. Debemos intentar mostrar siempre la persona que queremos ser, el barco esplendoroso. Todo empieza en el interior y debemos liderar el continuo cambio en nuestras vidas.

Sobre el gusto

Nuestra perspectiva se encuentra definida por nuestra experiencia vital. Esto quiere decir que todo lo que vivimos y experimentamos a lo largo de nuestra vida se marca como una huella en nosotros y define nuestras acciones en multitud de aspectos; de esta manera, el gusto o la preferencia de unos alimentos sobre otros, o la predilección de ciertos sabores, están influenciados por muchos aspectos externos a nosotros, aunque también algunos internos.

Desde la perspectiva interna, se desarrolla apetencia por cierto tipo de alimento cuando sufrimos la carencia nutricional que ese alimento cubre. Así, nuestro cuerpo evolucionó hacia apetencia de sabores salados cuando tenía déficit de electrolitos, o hacia alimentos grasos cuando tenemos alta necesidad de energía. Todas estas características son comunes a todos. Sin embargo, al tomar un punto de vista externo es donde aparecen y se construyen todas las diferencias entre individuos. La más importante reside en la conexión emocional. El primer alimento que tomamos es la leche materna, alimento que se puede situar en el matiz de predominancia del sabor dulce, debido a la presencia de lactosa (los cinco sabores básicos son dulce, agrio, amargo, salado y *umami*). En general, el dulce es el sabor más aceptado por todos.

En el pasado, el sabor fue fundamental para sobrevivir. El amargo nos indicaba alimentos no comestibles, así como ciertos olores. Por ejemplo, el de alimentos en mal estado, que provoca rechazo. Esto hizo que los cazadores recolectores que no consumían esos alimentos sobrevivieran.

Hoy en día, la conexión emocional con los alimentos hace que por determinadas experiencias en nuestra vida amemos u odiemos ciertos alimentos. Así, la mejor tortilla de patatas o un arroz estilo paella de nuestro hogar familiar es posiblemente el mejor del mundo para nosotros por esa gran carga emocional que se entrelaza con el sabor. De manera contraria, alimentos que nos hayan podido sentar mal o hacernos vomitar son asociados emocionalmente de forma negativa y evitamos consumirlos. Así, por ejemplo, ciertas salsas que nos hayan provocado una indigestión o el origen de alimentos como pueden ser las vísceras, las criadillas o los callos nos desagrada. Un ejemplo más de ello podría ser la repulsión al alcohol por una experiencia familiar negativa con él.

La repetición influye en gran medida en la apetencia por un alimento, y es que consolida la experiencia emocional que se tiene con él. Un claro ejemplo de ello podría ser la cerveza. La primera vez que se consume no suele ser agradable, pero el hecho de consumirla de modo repetido en un ambiente positivo nos hace que se la acabe amando. La repetición es fundamental a la hora de cambiar y crear nuestros hábitos; de este modo, si hay alimentos que no nos resultan agradables, pero que nutricionalmente nos pueden aportar muchos beneficios, repitiendo esa emoción positiva cada vez que se consuman se puede transformar nuestro gusto por dichos alimentos. También puede suceder al contrario, y es que relacionando de manera repetida el consumo de un alimento con una emoción negativa, este puede dejar de resultar agradable, siendo una estrategia para corregir malos hábitos. Por ejemplo, el consumo de cierta bollería procesada, que se puede asociar a un estado de poca salud, obesidad o malas digestiones.

La conclusión de la repetición es que se puede controlar lo que comemos. ¿Qué le aporta el tabaco a un fumador? ¿Hay que fumar para conseguir ese placer? ¿Verdad que no? Con disciplina conseguimos transformar hábitos malos en buenos y que estos nuevos nos aporten los mismos placeres que los que se abandonan.

Los gustos adquiridos. Vencer el rechazo

La zona en la que se nace y se vive influye en nuestra dieta. Los ecosistemas en los que vivimos, con su flora y fauna propias, así como el clima y las características del suelo, influyen en el tipo de alimentos que se consumen, aunque cada vez menos debido a las exportaciones e importaciones de los mismos. Nuestra dieta nace en nuestras familias, en la manera de preparar los alimentos y de combinarlos, que es un gran valor y tesoro que en estos últimos tiempos estamos dejando de lado. Comer caracoles es algo normal para un andaluz, pero ¿qué opinaría de ello un americano? Países orientales comen ciertas especies de animales exóticos o insectos. ¿Seríamos nosotros capaces desde nuestra cultura? Finalmente, en la cultura mexicana es muy apreciado el sabor picante. ¿Podría un europeo disfrutar esos hábitos de la noche a la mañana? Piénselo.

Superar ciertas ideas respecto a los alimentos, para ir incorporando buenos alimentos a la dieta y persistir en su consumo, acabará haciendo que cuanto más se consuman, más se disfrutarán y menor rechazo nos producirán.

Lo natural en los alimentos

«Natural» en un alimento hace referencia a su origen. «Natural» significa que procede directamente de animales o plantas. En los últimos tiempos el uso de este atributo en un alimento se ha relacionado con la calidad del mismo o de sus propiedades saludables, no siendo siempre así. En el opuesto del término «natural» encontramos el de «elaborado» o «procesado», que no es más que el producto natural, al que se le ha aplicado un proceso. Así, por ejemplo, una miel con nueces es un alimento procesado, que se obtiene del mezclado de dos naturales, obteniendo uno nutricionalmente más rico. Es importante que estos conceptos queden claros, porque ni todo lo natural es bueno ni todo lo procesado malo.

A lo largo de miles de años de evolución nuestro cuerpo se adaptó a obtener los nutrientes que necesitaba a través de los alimentos que se le suministraban. Recordemos que somos una especie recolectora y cazadora, en ese orden. La mayoría de los alimentos que se aportaban al organismo se encontraban en su forma natural, tales como frutas, verduras e incluso algunos alimentos de origen animal. También en esos momentos los alimentos se procesaban, pero su procesamiento se realizaba de unas formas muy ligeras, tales como el mezclado, el ahumado o el asado. Así nutrientes como el calcio, el potasio, los azúcares o las vitaminas, entre otros, eran captados de la dieta en estas formas. Con ellas evolucionó nuestra especie y constituyen el mejor modo para el aporte equilibrado de nutrientes. Esta es la razón por la que muchas vitaminas y minerales son mal captados en el cuerpo en forma de suplementos, a diferencia de cantidades similares del nutriente en su forma de alimentos naturales como frutas y verduras. Además, muchas sustancias como el hierro se absorben mejor cuando las acompañan vitaminas como el ácido ascórbico (vitamina C) en el medio, y esto no es más que el cuerpo está adaptado a capturar hierro de este modo. Igual ocurre con el calcio y la vitamina D. Los alimentos naturales suelen asociar esos componentes.

Pero tal y como se trataba al principio, el procesamiento en ocasiones es necesario en algunos alimentos y por ello no siempre debe tener una connotación negativa. Así, al asar la carne la proteína se asimila en mayor cantidad. El descubrimiento del fuego, entre otras muchas más causas, fue fundamental para el desarrollo del cerebro que tenemos hoy, pues nos permitió captar mayor cantidad de proteínas de origen animal. También ocurre que alimentos como la patata, debido a su cantidad de almidón, pueden ser indigestos; o la berenjena, por un alcaloide llamado solanina, que puede llegar a tener ciertos niveles de toxicidad, hace necesario que haya que procesar esos alimentos.

Ninguna adicción es buena

Ser adicto a algo significa depender en mayor o menor medida de algo. Estudios científicos demuestran que la adicción afecta a vías y a procesos relacionados con el placer, las emociones, el deseo e incluso la cognición. Ciertamente, en el cerebro existen vías de recompensa naturales, pero cuando son excesivamente estimuladas de forma externa pueden alterar nuestra naturaleza. Todo esto acaba revocando algo fundamental: nuestra libertad. Las adicciones son un tipo de esclavitud moderna. Un ser humano puede someterse gracias a su adicción, y vemos que en los casos extremos un ser humano es capaz de hacer cualquier cosa por satisfacer su adicción. A largo plazo, aunque la mayoría de nosotros cultivemos pequeñas adicciones, lo mejor es desvincularse de todas ellas, pues lo que más control y satisfacción nos va a dar a lo largo del tiempo es ser dueños de nuestra libertad y poder elegir. ¿Cómo se puede detectar si tenemos alguna adicción? El método es sencillo: basta con preguntarse si hay alguna cosa que necesitemos realizar o hacer a lo largo de un corto periodo de tiempo. Las adicciones pueden ser de un nivel elevado, como las drogas; o muy pequeñas y frecuentes, como un café o un chocolate. Ciertamente, algunas de ellas son ínfimas, como estas últimas, pero disciplinándolas se puede desarrollar el autocontrol personal. Puedo seguir comiéndolas, pero no es necesario todos los días; de hecho, un parón le hará apreciarlo y valorarlo mejor.

La buena digestión

El metabolismo de los alimentos consume energía. Cuanto más tiempo se emplee en esta o más difícil sea, nos sentiremos más cansados y perezosos en el proceso, sensaciones que no se corresponden con una buena digestión. Y es que a pesar de que se piense que la energía se encuentra en un estómago lleno, es más bien todo lo contrario; de hecho, el cerebro y el cuerpo funcionan mejor con el estómago vacío (que no hambriento). La energía en nuestro cuerpo se encuentra dentro de las células, en concreto dentro de unos orgánulos llamados mitocondrias, que producen una molécula denominada adenosina trifosfato (ATP). La energía es aportada cuando dicha molécula se desfosforila, es decir, pierde un fósforo (P), convirtiéndose en adenosina difosfato (ADP). Desde que ingerimos la comida hasta que llega a transformarse en este tipo de energía pueden pasar horas.

Como se ha dicho, la digestión consume energía, y lo ideal es que se produzca de una manera eficiente. ¿Qué ocurre cuando dejamos un alimento fresco a la intemperie? Que este se empieza a pudrir. Nuestro organismo se encuentra a una temperatura alrededor de los 36 grados centígrados. Si la comida pasa demasiado tiempo dentro de nosotros en un proceso digestivo muy largo, se pudrirá e incluso fermentará antes de ser metabolizada por completo, formando ciertos tóxicos que no son beneficiosos. Para evitar esto, la digestión y metabolización han de ser eficientes. Lógicamente, cada individuo tendrá unas condiciones nutricionales que dependerán de la edad, estado físico, actividad física e incluso del clima en el que se encuentre. Como se explicó anteriormente, llevamos consumiendo alimentos en una determinada forma durante miles de años, al igual que los hemos consumido por su estacionalidad. Nuestro cuerpo está adaptado y optimizado para esas condiciones. Algunas indicaciones de la buena digestión son:

- Consumo de alimentos naturales en su forma original, tales como frutas, muchas verduras, nueces y similares.
- Comer con moderación. Ningún exceso es bueno, incluso más vale pecar de comer poco. Basta con comer hasta sentirse un 75 % lleno. La gula en la alimentación siempre es castigada. Además, a un mayor peso y tamaño, nuestro corazón se ve obligado a bombear más sangre y con más fuerza. Es sabido que la presión arterial se ve incrementada proporcionalmente al índice de masa corporal (IMC).

Con el sobrepeso nuestras articulaciones sufren mucho más y con la edad se deterioran, a la vez que perdemos elasticidad. Muchos de los problemas de salud de nuestra sociedad están asociados directamente al exceso de peso. Se habla de que la salud es el mayor bien que se tiene, y con una buena alimentación se puede cultivar.

- La digestión empieza en la boca. Hay que masticar muy bien los alimentos. Esto se asocia con el punto anterior, y es que se puede controlar mejor la sensación de saciedad y el control. Masticar, además, es disfrutar comiendo y sintiendo cada bocado. El alimento ha de masticarse al menos 30 veces antes de deglutirlo, y es que en la saliva existen enzimas que comienzan la digestión. Esto es fundamental sobre todo en los hidratos de carbono. Si tomamos un trozo de pan y empezamos a masticarlo hasta formar una papilla, notaremos que su sabor cambia hasta una tonalidad dulce, que es debida a la digestión de almidón y su transformación en azúcares más simples. Mahatma Gandhi decía: «Bebe tu comida y mastica tus bebidas», lo que se puede aplicar a ingiere tus alimentos sólidos cuando sean líquidos y toma los líquidos como si fueran sólidos.
- Un gran volumen enlentece la digestión, y no solo se trata de una gran cantidad de alimentos, sino también de líquidos. Es recomendable ingerir líquidos antes de las comidas y mínimamente durante las mismas. Mucha cantidad de líquidos junto a las

comidas diluye jugos y enzimas digestivas, lentificando el proceso.

- La temperatura de los alimentos también tiene un rol muy importante, y es que hay que distanciarse de los extremos. Esto ocurre principalmente con los líquidos. Así, beber líquidos fríos durante las comidas lentifica las digestiones, provocando contracción de conductos digestivos y pudiendo incluso llegar a interrumpir la digestión. Alimentos muy calientes pueden irritarnos las mucosas, interfiriendo en la salivación y la peristalsis.
- El alcohol tiene propiedades irritantes relacionadas exponencialmente con la concentración del mismo. De este modo, graduaciones a partir del 20 % son perjudiciales para el organismo y su daño aumentará con la cantidad ingerida. Bebidas como la cerveza o el vino, tomadas de manera moderada, pueden llegar a contribuir a una buena digestión al ser fermentadas (predigeridas).
- El cocinado influye en la digestión. El descubrimiento del fuego permitió a los primeros humanos procesar los alimentos con calor. Al ingerir la carne cocinada (somos los únicos animales que lo hacemos), estos eran capaces de asimilar más proteínas y mayor cantidad de las mismas, teniendo influencia en el desarrollo del cerebro en nuestros primeros ancestros. Pero el exceso de cocción también tiene desventajas, y es que un alimento fresco, poco cocinado o crudo contiene nutrientes como

enzimas o vitaminas que se afectan con el calor y que son importantes para el proceso digestivo (enzimas proteolíticas). Alimentos como el *carpaccio* o el *sushi* contienen enzimas naturales que facilitan su digestión a la vez que son ejemplos nutritivos. Obviamente, no todas las carnes o pescados han de comerse crudos, ya que en el transcurso hasta su ingestión pasa tiempo y pueden contaminarse con gérmenes, pero sí deben ser frescos y con el menor procesamiento posible. Las frutas deben consumirse siempre crudas para evitar el cocinado de sus azúcares. Finalmente, sobre las verduras y hortalizas, deberían ingerirse en mayor cantidad de forma cruda que cocinadas, ya que el calor puede destruir nutrientes importantes. Aquí se deben considerar casos como el de la patata o la berenjena, comentados anteriormente y que constituyen excepciones. Se debe utilizar el sentido común. Por ejemplo, lechugas, zanahorias o pepinos son estupendos frescos, frente a las setas o los espárragos, que deberían procesarse con calor.

La buena cocina

Es la que procesa el alimento mínimamente. Un ejemplo de ello puede ser la cocción al vapor, que mantiene la mayor parte de las propiedades de los alimentos, ya que hace que el calor se transmita a través de un vehículo que poco a poco va perdiendo energía calorífica.

Pero lo más importante a considerar en este punto es que calentar las grasas no suele ser positivo, ya que cuando se calienta un aceite o grasa, esta se agita a nivel molecular combinándose con el oxígeno del aire y dando lugar, por lo tanto, a la oxidación de las mismas. Además, las cadenas de ácidos grasos con las temperaturas pueden alterar sus propiedades beneficiosas, llegando a ser incluso nocivas. Uno de los aceites que mejor resiste la temperatura es el aceite de oliva virgen extra, y estas dos últimas palabras son fundamentales, pues se refieren a que la aceituna solamente ha sido triturada y prensada. Los aceites refinados (no son virgen extra) se originan a partir de los residuos de la extracción por molienda y prensa. Para la extracción de aceite a partir de ellos se les aplican ciertos procesos físico-químicos, que implican la adición de ciertos químicos como ácidos o bases fuertes acompañados por calor y destilación. El producto obtenido de ello tiene una acidez baja, sabor y olor suaves, estabilidad, aspecto limpio y color atractivo. En ocasiones, estos aceites también se hidrogenan para obtener mejores texturas. Es como las sirenas y su canto en la mitología: muy atractivo y le atraen con él. Pero cuando le atrapan le destruyen. En este caso destruyen su salud, como lo han demostrado múltiples estudios científicos.

La evolución en nuestra alimentación

Entender parte de nuestra historia nos va ayudar a comprender nuestra alimentación, saber qué combustible ponerle a la máquina. En su origen como especie, nuestra alimentación era muy similar a la de nuestros congéneres primates, basada en alimentos brutos y crudos que se consumían tal cual se encontraban en la naturaleza. Nuestra dieta era fundamentalmente a base de alimentos fibrosos del reino vegetal, y evidencia de ello es nuestro extenso aparato digestivo, el cual mide aproximadamente 11 metros en total, y en relación al tamaño medio de un individuo la proporción suele ser de unas 6,5 veces nuestro tamaño. Esta es una referencia interesante, pues en un carnívoro como un león la proporción respecto a su tamaño es de 2,5 veces, mientras que en un perro o un gato es aproximadamente de 3. En los herbívoros como un caballo la proporción es de 10 veces su tamaño, 15 para una cabra y unos 18 para una vaca. Omnívoros como los osos presentan una proporción de 8, componiéndose la dieta de estos de un 85 % de alimentos de origen vegetal y un 15 % de origen animal. Lógicamente, esto no es una regla matemática, pero sí un punto de partida desde el que enfocar nuestra alimentación. El ser humano posee un aparato digestivo de tipo omnívoro, pero más claramente orientado a un perfil herbívoro que carnívoro. La fibra tiene gran importancia en nuestro organismo, y es que esta no puede ser descompuesta por las enzimas digestivas humanas, aportando ayuda a la formación de las heces y al movimiento del intestino. Las dietas altamente carnívoras en humanos disminuyen la cantidad de heces que se generan, derivando en estreñimiento y estancamiento de las mismas. Además, al organismo le cuesta más desplazarlas y a largo plazo esto puede desembocar en la formación de divertículos y pólipos, entre otros, que a su vez pueden derivar en otras patologías. La fibra vegetal ayuda al tránsito de los alimentos hasta su excreción. Subrayar que las proteínas animales pueden ser imprescindibles en la dieta, pero su exceso es perjudicial. También se debe considerar que los alimentos de origen vegetal, aunque en menor medida, contienen proteínas. La cantidad de proteínas que requiere una persona al día es aproximadamente de 1 gramo por 1 kilogramo de peso. El exceso de proteínas consumidas se puede llegar a excretar por la orina, afectando al organismo. En el organismo las proteínas se descomponen en aminoácidos, los cuales son descompuestos en el hígado. Estos acidifican la sangre, y para lograr el equilibrio se moviliza calcio en grandes cantidades, que se filtra y se excreta en la orina. A ello hay que sumar que cuando se ingieren grandes cantidades de proteína animal, estas no llegarán a absorberse por completo y se quedarán en el intestino. Allí se pueden descomponer y generar sustancias perjudiciales como ácido sulfhídrico, metano, nitrosaminas y radicales libres, entre otras con actividad oxidante.

Otra pista sobre nuestra adaptación a la alimentación puede encontrarse en nuestra boca; en concreto, en nuestras piezas dentales, las cuales son parte del aparato digestivo. De esta manera, si observamos la naturaleza, los animales herbívoros presentan dientes incisivos delgados para cortar plantas y molares cuadrados para triturarlas. Los carnívoros presentan dientes afilados como los caninos, útiles para agarrar la carne y separarla de los huesos. En los seres humanos la relación entre caninos (4) e incisivos (8), premolares (8) y molares (12) es 1:2:2:3, es decir, 1 a 7. Esto es, un 15 % carnívoro y un 85 % herbívoro. Puede que suene desorbitado, pero especies cercanas a nosotros como los chimpancés en estado salvaje tienen una alimentación 95 % herbívora y 5 % carnívora aproximadamente.

Por último, respecto a estos datos de alimentación en la naturaleza, encontramos que los animales carnívoros, por lo general, no se alimentan con frecuencia (a diario); en otras palabras, realizan una especie de ayuno después de alimentarse de sus presas. Un león puede pasar sin comer semanas entre una caza y otra. Las serpientes tragan a sus presas e igualmente pueden transcurrir semanas e incluso un mes hasta volver alimentarse. Los lobos igualmente, dependiendo del tamaño de la presa, suelen pasar varios días sin comer. En el lado opuesto se encuentran los animales herbívoros, como caballos o vacas, que suelen encontrarse en los pastos y tienen una ingestión frecuente, continua y diaria. Animales omnívoros como primates u osos, más similares a nosotros, se alimentan continuamente, aunque con más proporción vegetal que animal en la mayoría de los casos.

A lo largo de su historia, el ser humano pasó de ser un puro recolector y algo cazador a implementar sus habilidades cazadoras. Esto se produjo sobre todo en el hemisferio norte, cuando en los inviernos era difícil encontrar alimento y la forma más práctica de obtenerlo era de origen animal, mediante la caza. Ello hizo que se empezara a transformar nuestro sistema digestivo; de hecho, diferentes culturas poseen variaciones en su sistema digestivo adaptado a su alimentación. Un ejemplo son las culturas asiáticas, donde la proporción de intolerancia a la leche es muy superior a otras, debido a su escaso consumo en la edad adulta. En resumen, en su conjunto ha resultado en el metabolismo que tenemos hoy: preparado para una voluminosa dieta de frutas y verduras, además de productos de origen animal en menor proporción.

Con la aparición de la agricultura el ser humano dio otro cambio más en su alimentación, ya que permitió establecer la base para cubrir mejor las necesidades de alimento y la especie aumentó su número. Debido a la gran demanda de alimentos comenzó el consumo de cereales. Esta es una de las razones por la que íntegramente no somos capaces de procesarlos en nuestros órganos, constituyendo fibra alimentaria en gran cantidad. Los cereales constituyen la base de nuestra alimentación desde hace aproximadamente 10.000 años.

Hoy en día el cambio en la alimentación ha sido hiperrápido. Si nos fijamos en los últimos 100 años, nuestra alimentación ha cambiado de una manera radical. Muchos de los alimentos que consumimos hoy son nuevos, y no habían existido antes como tales. La mayoría de ellos son procesados, y en algunos casos las proporciones en las que se consumen son muy altas, llegando a desplazar incluso el consumo de alimentos tradicionales. Esos grupos de nuevos alimentos procesados son responsables de muchas de las dolencias que achacan a nuestra sociedad hoy, y su consumo debería ser más controlado.

Combinar alimentos

Seleccionar y combinar adecuadamente los alimentos nos ayudará a tener mejores digestiones, así como a asimilar mejor los nutrientes. Dentro de la nutrición es la trofología la que se centra en esto: la combinación de alimentos. Una vez que nos adentramos en ello, observamos que muchos conceptos son interesantes y otros están más alejados del rigor. Lo interesante al tratar este punto es que la combinación de ciertos alimentos puede ser beneficiosa en pro de una buena alimentación. De esta manera, la composición y el pH del alimento influyen en su digestión y el lugar de la misma. Ciertos nutrientes como proteínas requieren un pH ácido en el estómago, para descomponerse en aminoácidos gracias a la pepsina. Por el contrario, nutrientes como los hidratos de carbono se descomponen en un pH menos ácido principalmente en la boca y los intestinos. Por esta razón, combinar hidratos con proteínas puede ralentizar el proceso digestivo y disminuir la calidad de los mismos, haciendo que las proteínas se pudran y los hidratos fermenten en casos excesivos de ingesta. Como consecuencia de ello se llegan a emitir ciertas regurgitaciones putrefactas. Además, estas mezclas en gran cantidad pueden derivar en acidez, gases, hinchazón o estreñimiento, entre otras.

El objetivo final de esta práctica es que la digestión se lleve a cabo eficazmente y los residuos del alimento se eliminen cuanto antes.

En nuestros tiempos la exigencia que se le hace al sistema digestivo en ciertas poblaciones desarrolladas es brutal, tanto por la mala calidad como por la excesiva cantidad. Problemas de acidez o estreñimiento son muy frecuentes en estos grupos de personas. También los trastornos relacionados con el colon. Y es que la mala combinación de alimentos, su cantidad y sobre todo el elevado consumo de alimentos procesados y ultraprocesados malos obligan al colon a segregar mucosidad para envolver las partículas tóxicas, con el fin de evitar daños mayores. Cuando esto ocurre día tras día, este moco se perpetúa en la superficie, reduciendo la luz del colon y provocando que las toxinas acaben pasando a la sangre por alteración de la permeación. Si estos malos hábitos continúan en el tiempo, la mucosidad hace que se formen unas bolsas que se denominan divertículos y que posteriormente están relacionados con ciertos tipos de cáncer.

Algunas recomendaciones sobre las combinaciones de alimentos son:

- **Hidratos y proteínas**. No es una buena combinación en exceso. Hoy constituye la base de numerosos platos, tales como pescado con patatas o el pan con la carne. Como se ha explicado anteriormente, los lugares de digestión pueden ser diferentes en función de los alimentos. Existen alimentos, como la leche, que contienen hidratos y proteínas; sin embargo, las exigencias digestivas se encuentran sincronizadas. El consejo sería separarlos o no tomarlos en exceso juntos en diferentes comidas, cuidando las proporciones.

- **Proteína y proteína**. Las proteínas de diferentes orígenes demandan de necesidades digestivas diferentes. Así, no deben mezclarse proteínas de orígenes diferentes como la de la carne o el pescado. Proteínas de origen similar como la de las gambas o los crustáceos e igualmente con carnes favorecen que el proceso sea más permisivo. El consejo es consumir un solo tipo de proteína en cada comida, así como evitar mezclar carne y huevos, leche y carne o pescados y carnes.
- **Proteína y grasa**. La grasa influye en el proceso digestivo disminuyendo la secreción de jugos gástricos tales como el ácido clorhídrico y la pepsina, lo que podría retrasar el proceso digestivo en el estómago y que este se demore horas. En este punto la proporción tiene un papel fundamental, ya que las fuentes de proteína también contienen grasa. Si nos fijamos en la proporción de diferentes alimentos de la tabla, encontramos que se debe evitar el consumo elevado de grasas con carne. La grasa debe ir en una proporción inferior a la proteína.

Carnes[1]	Proteínas por cada 100 gramos	Grasas por cada 100 gramos
Ternera	20,5 g	5,5 g
Pollo	20 g	9,5 g
Cerdo	22 g	7,5 g
Pavo	20 g	8,5 g
Pescado blanco	16 g	1 g
Pescado graso	20 g	12 g
Conejo	10,5 g	5 g
Cordero	15 g	10 g

1   https://www.vitonica.com/proteinas/el-contenido-de-proteinas-y-grasas-de-diferentes-carnes

- **Alimentos ácidos**. Este grupo de alimentos son cítricos como limón o naranja, vinagres. Estos alimentos disminuyen la secreción de saliva, compuesto fundamental en la digestión de los hidratos de carbono, cuya digestión se puede ver empeorada. Claro que se pueden «aliñar» ciertos alimentos con limón o vinagre; lo recomendable es en una proporción pequeña y un aliño lo es. Los alimentos ácidos junto con proteínas pueden parecer buena idea, ya que las proteínas necesitan ácido para su digestión. Sin embargo, la llegada de ácido al estómago inhibe la secreción del propio ácido clorhídrico y la pepsina, con lo que disminuye la velocidad de digestión. Resaltar en este punto, y aunque no se consideren alimentos, los refrescos, pues la mayoría de ellos presentan un pH en torno a 3 (se consideran ácidos) y se suelen consumir en un volumen muy elevado en las comidas. El consejo sería evitar alta cantidad de alimentos ácidos junto con proteínas e igualmente intentar consumir de manera separada ácidos e hidratos, evitando, por ejemplo, los cereales con zumos de cítricos.
- **Azúcares simples**. Presentes en mermeladas y alimentos como la miel. También los encontramos refinados. Estos últimos solo aportan calorías vacías y su consumo debe evitarse siempre. Los azúcares no se digieren en el estómago, sino que pasan directamente al intestino, donde tiene lugar su absorción; por ello los azúcares actúan inhibiendo la

secreción de jugos gástricos en el estómago. Cuando estos son ingeridos junto con proteínas dificultan la digestión de estas últimas al disminuir los jugos digestivos. A su vez los azúcares quedan retenidos en el estómago, pudiendo llegar a fermentar. El consejo es evitar el consumo de azúcares y proteínas en una misma comida. El consumo de azúcares junto con hidratos ha demostrado disminuir la cantidad segregada de tialina, enzima digestiva que actúa sobre el almidón. Además de que no se digieran correctamente, esto provoca que los hidratos se acumulen en el estómago (necesitan una digestión menos ácida), transformándose en subproductos. El consejo es evitar el consumo de estos alimentos juntos y, en tal caso, en una proporción pequeña del endulzante.

- **Leche**. Este alimento merece un apartado en exclusiva para ella, y es que es un alimento muy controvertido, que en nuestra cultura occidental se encuentra ampliamente extendido y que se consume a diario. La leche materna es un alimento natural, el cual es el alimento exclusivo durante las primeras fases de la vida y que a su vez constituye la base de todos nuestros nutrientes al nacer. Así ocurre en todos los mamíferos. La leche es un alimento vivo y muy completo que contiene prácticamente todos los nutrientes necesarios: vitaminas, minerales, hidratos, grasas y proteínas, entre otros. Las cantidades de esos nutrientes están muy equilibradas en cada especie para satisfacer las necesidades de las crías, por lo que es diferente su composición de una especie a otra. La leche conlleva una digestión exigente. De hecho, cuando acaricia el jugo del estómago se convierte en cuajo; por esta razón la leche es un alimento que siempre ha de consumirse en solitario, pues retrasaría la digestión de cualquier otro alimento. La leche es un alimento para los primeros años de la vida. Es más, la hembra de la especie mamífera solo la produce cuando concibe a su cría y deja de producirla cuando la cría alcanza una determinada madurez. Así ocurre en la especie humana. Pero no solo esto ocurre naturalmente, sino que cuando el ser humano sigue creciendo empieza a reducir la cantidad de una enzima fundamental para la digestión de un azúcar de la leche: la lactasa. Así, los asiáticos contienen menos cantidad de lactasa o prácticamente es nula en sus cuerpos, pues en sus tradiciones no se extiende el consumo cotidiano de leche. Es decir, la naturaleza nos distancia de este alimento cuando se crece. Esto nos lleva a preguntarnos: ¿y qué ocurre hoy con la leche que se consume? La leche que hoy consumimos no pertenece a nuestra especie, sino que es generalmente de vaca. Las vacas no producían leche de manera indefinida durante su vida. Una vez que sus crías alcanzaban cierta madurez, esta producción de leche desaparecería, como ocurre en el humano. Sin embargo, el ser humano seleccionó esta especie debido a su tamaño y su capacidad de producción. Se eligieron las vacas con mayor producción de leche, que fueron seleccionadas para reproducirse, y así generación tras generación se obtuvieron animales que producen leche casi de modo perpetuo durante su vida. La leche que consumimos hoy se encuentra procesada en mayor o menor nivel. Una vez extraída, la leche se somete a un proceso de agitación y homogeneización. Esto es, que la leche se agita y se centrifuga, mezclándose con el oxígeno presente en el aire y dando la oportunidad a las grasas de que sean oxidadas. Es más, la leche que consumimos es sometida a un proceso térmico, indispensable para su conservación, mediante el cual se intenta eliminar la mayor parte de microbios y patógenos. Y es que la leche es el medio ideal para el crecimiento de ellos. Rememoro mis tiempos de laboratorio en la universidad, donde se agregaba leche a los medios de cultivo o a las placas de Petri para lograr crecimiento de bacterias, sobre todo cuando no se sabía cuáles eran y, por lo tanto, desconocíamos sus necesidades nutricionales. Cuando la leche es sometida a un proceso térmico se destruyen e inactivan gran parte de las enzimas fundamentales en su digestión y asimilación de calcio y minerales. De hecho, es evidente que el calcio que se consume con la leche procesada no se absorbe mejor que en otros alimentos. Incluso puede llegar a producir el efecto contrario, ya que cuando se ingiere una gran cantidad de este mineral la concentración de calcio en la sangre aumenta de forma rápida. Para corregirlo, el cuerpo intenta revertir esto y eliminar calcio a través de la orina, pudiendo incluso llegar a perder más calcio. El consejo es evitar el consumo de leche altamente procesada, pero prácticamente nadie tiene acceso a leche natural recién ordeñada, por lo que siempre es mejor la pasteurizada que la UHT. Además, si consume leche hágalo sin combinarla con otros alimentos.

En definitiva y en resumen, destacando de lo anterior y añadiendo algo más:

- **Proteínas**: Son un alimento muy poderoso y no se encuentran solo en la carne. También están presentes en alimentos vegetales como las legumbres, las semillas y las almendras, entre otros. Su digestión se produce principalmente en el estómago. Respecto a las de origen animal, las provenientes del pescado son más sencillas de digerir respecto a la de animales terrestres por lo general.
- **Hidratos**: Aportan mucha energía. No deberían ocupar más de una comida diaria. Su digestión tiene lugar en gran medida en la boca y deben masticarse bien.
- **Grasas**: Se pueden consumir junto con hidratos y en pequeñas cantidades junto con proteínas. Evitar las procesadas, refinadas y oxidadas, que frecuen-

temente son encontradas en aceites que a su vez se hidrogenan.

- **Vegetales**: Deben constituir una parte muy importante de nuestra dieta (deberían constituir más del 50 % de nuestra dieta junto con frutas). Se pueden consumir junto con grasas, hidratos y proteínas, aunque la mejor manera de hacerlo es con el estómago vacío. Consúmanse crudos en su gran mayoría, en forma de ensaladas y justo después de cortarlos y trocearlos para que se oxiden lo menos posible.
- **Frutas**: Nuestro aparato digestivo evolucionó a partir de una dieta de frutas, frutos secos y semillas. Las frutas en su mayoría están constituidas por agua, por lo que deben ser consumidas en gran cantidad para el aporte de nutrientes.
- **Variedad**: Los alimentos se deben consumir en su proporción adecuada y en diferentes formas, es decir, variar el origen de las proteínas, los hidratos y las grasas para garantizar el abastecimiento natural de todos los nutrientes en el organismo.

Dieta y salud física y mental

Como se ha visto a lo largo de estos puntos, no se puede subrayar más el famoso «somos lo que comemos». Los alimentos que ingerimos, la cantidad y la manera en la que los consumimos tienen una incidencia directa en nuestro cuerpo y, por lo tanto, en nuestra salud. La ciencia cada vez lo tiene más claro: influyen más los factores externos (lo que se hace) que los propios internos. Nuestra genética determina aproximadamente un 30 % de nosotros y el 70 % restante son los resultados de lo que hacemos, es decir, de epigenética (modifican la actividad del ADN, pero sin modificar su secuencia). Por lo tanto, se puede afirmar que, como decía Elliot Joslin, los genes cargan la pistola, pero son las circunstancias externas a nosotros las que la disparan, nuestros hábitos, y estos se pueden controlar en gran medida.

Además de su influencia en la salud del cuerpo, los alimentos que se ingieren también poseen influencia en la salud mental. Estudios explican como una dieta pobre evidencia un vínculo con el estado de ánimo, incluyendo estados de ansiedad y depresión. Se encuentra una fuerte evidencia de los beneficios que una dieta como la mediterránea, rica en verduras y aceite de oliva virgen extra, tiene sobre la salud mental, como brindar cierta protección contra la depresión y la ansiedad como menciona la investigadora Suzanne Dickson en su trabajo titulado *Nutritional psychiatry: Towards improving mental health by what you eat.*

Cada día es más investigado en ciencia, y es que existe conexión directa entre el intestino y el cerebro y, por lo tanto, la dieta y la salud mental. También sobre ello tiene gran influencia la microbiota (el conjunto de bacterias que vienen con nosotros en simbiosis), que es un tema cada vez más relevante, porque la microbiota es influenciada por la alimentación.

La variedad de alimentos constituye la garantía de salud física y mental, pues se garantiza el suministro de los diferentes nutrientes. Todos son necesarios y todos tienen una función. El principal combustible energético de las neuronas es la glucosa, y es de donde obtiene la energía el cerebro. Esta glucosa es obtenida por el consumo de azúcares (frutas, miel o azúcares simples), a través de la metabolización de los hidratos o del glucógeno del hígado (con origen en proteínas y grasas). Una persona que no consuma hidratos limitará la producción de glucosa a partir de grasa y proteínas, pues también el hígado necesita glucosa para procesar la energía de las proteínas y grasas.

Las grasas constituyen la mayor fuente de energía de nuestro organismo, pues multiplican por 3 la energía de los hidratos y por 2 la de las proteínas. Son además elementos estructurares imprescindibles en las membranas celulares. La clave es asimilarlas de manera correcta, combinándolas con alimentos correctos, pues no se acumulan en forma de tejido adiposo y, por lo tanto, «no engordan», sobre todo la grasa proveniente de alimentos con un buen procesado o un buen cocinado. Es tal la importancia que tienen las grasas que la insuficiencia de las mismas en la dieta se relaciona con trastornos mentales. Las grasas procesadas y ultraprocesadas de alimentos industriales constituyen una de las principales causas de obesidad y patologías. Estas son las que deben ser siempre evitadas.

Microbiota y alimentación

La microbiota humana es el conjunto de microorganismos que conviven dentro o sobre el organismo humano y con los que se mantiene una relación de simbiosis (beneficio mutuo). Una gran variedad de estudios científicos ha demostrado que ciertos aditivos alimentarios usados como conservantes, colorantes o aromatizantes en alimentos ultraprocesados, así como determinados componentes propios de los alimentos, son capaces de inducir procesos inflamatorios que a largo plazo podrían estar relacionados con el desarrollo de patologías de diversa índole, tales como cardiovasculares, metabólicas o inmunológicas, entre otras. En los últimos años se ha estudiado el papel que desempeña la microbiota intestinal como «órgano» mediador de estos procesos patológicos. Aunque es evidente que existe un papel, actualmente no se ha conseguido distinguir si las alteraciones en la microbiota intestinal derivadas del consumo de aditivos alimentarios serían la causa o la consecuencia del estado patológico, aunque parece apuntar en muchas ocasiones a lo primero. Conocer exactamente el papel de la microbiota intestinal en el curso de una patología sigue siendo difícil de evidenciar por completo a día de hoy, por lo que es un campo de gran interés. Con el fin de tratar de conocer un poco más el papel que tiene la microbiota intestinal en el curso de la enfermedad, durante los últimos años se ha llevado a cabo una gran variedad de estudios, destacando aquellos en los que se ha demostrado el papel de la microbiota en el desarrollo de patologías neurológicas como alzhéimer, párkinson, depresión o enfermedades mentales. Esto es, debido a la capacidad de la microbiota de producir determinados metabolitos bacterianos (ácidos grasos de cadena corta, indol, aminoácidos y vitaminas, entre otros) que constituirían el microbioma bacteriano. Estos metabolitos son capaces de llegar a la sangre y tener un efecto sobre órganos o sistemas muy alejados del intestino y, por tanto, producir un efecto sistémico. Pero no solo se ha evidenciado la importancia de la microbiota en este tipo de patologías. También en enfermedades cardiovasculares, tales como aterosclerosis, obesidad o hipertensión. Concretamente, se ha observado como el trasplante de microbiota intestinal de pacientes con una presión arterial normal a otros con una presión arterial elevada era capaz de reducir los niveles de presión arterial, demostrando el papel regulador de la microbiota en el curso de la hipertensión. Estos sorprendentes hallazgos subrayan la importancia de la microbiota y de cómo la alimentación elegida influye sobre la misma, sirviendo de herramienta para el tratamiento de diversas enfermedades cuyo control hoy en día sigue siendo una quimera. Es evidente que cambios en la alimentación mejoran muchas patologías y, más en concreto en este apartado, mediante la administración de microbiota de pacientes sanos o la toma de probióticos o prebióticos se logran resultados positivos en el tratamiento de diferentes enfermedades. A pesar de ello, la administración de microbiota intestinal *per se* conlleva una gran variedad de limitaciones, pues se desconoce exactamente qué es una microbiota perfectamente sana al variar entre individuos considerados sanos y estar modulada por factores genéticos, ambientales, alimenticios y un largo etcétera.

Actualmente, el uso de probióticos o prebióticos para controlar la microbiota intestinal, así como los metabolitos que esta produce, es lo más accesible. Se consideran probióticos bacterias vivas, las cuales en una determinada proporción son capaces de ejercer un efecto beneficioso para el organismo. En el caso de los prebióticos, estos son componentes alimenticios (principalmente fibras, las cuales se encuentran en frutas, verduras y hortalizas) que estimulan el desarrollo de las bacterias consideradas beneficiosas y, por lógica, acercan la microbiota a las condiciones de microbiota «sana». Tanto probióticos como prebióticos permiten modificar las poblaciones bacterianas a nivel intestinal y los metabolitos que estas producen.

Una buena alimentación, en las claves que aquí hemos desarrollado como saludables, contribuye a ese estado de microbiota «sana».

El entrenamiento

La importancia de mover el cuerpo

Aprender a emplear el cuerpo es muy importante, pues la salud reside en su buena utilización y en el uso que le damos al mismo. La salud en este aspecto es salud física. Actualmente, la mala gestión de tiempo o los diferentes hábitos de vida que se han ido desarrollando en estas últimas décadas han convertido al ser humano en un individuo cada vez más sedentario. Le planteo la siguiente cuestión: ¿cómo hubiera sido nuestra vida si hubiésemos nacido unos 200 años atrás? No hay duda de que físicamente hubiera sido más exigente. Seguramente, realizaría entre 10 y 20 veces más actividad de la que realiza hoy en su vida normal. También tendría que recorrer mayores distancias a pie, casi todo su trabajo lo desarrollaría a base de esfuerzo físico y el tiempo que dedicaría a ese trabajo probablemente sería superior al que dedica hoy. La salud física está íntimamente relacionada con el uso que se hace del cuerpo. Si se usa de la manera adecuada, mejor salud desarrolla.

Durante gran parte del tiempo nuestra especie fue nómada: cazaba, recolectaba y se desplazaba allá donde hubiera alimento. Somos muy eficientes andando y nuestras piernas constituyen los grupos musculares más fuertes de nuestro cuerpo, luego andar es un ejercicio magnífico. Caminar nos mantiene fuertes y bien. Caminar es un modo de utilizar el cuerpo, de crear salud. Pero caminar no es la única forma de utilizar el cuerpo; es una más, la más accesible, pero lo más correcto sería utilizar todo el cuerpo. Es muy extendida la frase que dice: «Lo que no se usa se pierde». Esto, en gran parte, es así y se debe utilizar todo nuestro cuerpo en la medida que se pueda, pues repercutirá en la salud. En el tiempo que vivimos, una gran parte de los problemas de salud derivan del uso del cuerpo, o el uso inadecuado del mismo constituye una razón de peso en estos problemas. Además del uso del cuerpo, es muy importante el tipo de alimento, del combustible que utilizamos en nuestro cuerpo, como se ha visto en el punto anterior. Estas son las dos principales razones que causan la mayoría de los trastornos. Si somos capaces de usar el cuerpo y alimentarlo correctamente, la mayor parte de los problemas de salud quedan solucionados.

El uso del cuerpo que constituye este apartado no solo aporta esa salud física, sino que también nos proporciona destrezas. Intente realizar algo todos los días. Veinte días después habrá adquirido destrezas y funcionará mejor. Su cuerpo funciona mejor cuando lo usa. Esto es fácil de demostrar. Tome un papel y dibuje una clave de sol. ¿Qué tal le salió? Continúe con otra al lado, luego otra. Cada vez las hace más rápido. Solo tiene que comparar la primera con la número 20. Lo mismo ocurre en los oficios artesanales o los deportes. El cuerpo mejora cuando se usa y si todo funciona bien eso es salud. Si usa correctamente su cuerpo y su mente estará más cerca de la salud. Por último, destacar que la progresividad es un pilar fundamental en el uso del cuerpo. El cuerpo y la mente necesitan una adaptación y una disciplina para adquirir destrezas y salud. No puede correr 30 minutos si durante el último año solo se ha movido en un coche a todos lados. Si quiere adquirir hábitos saludables necesitará de tiempo y disciplina, de usar cada día correctamente su cuerpo. En esta parte del libro se tratarán algunos consejos para empezar a usar bien el cuerpo, pero ante todo tendrá que empezar a sentir su cuerpo, porque este habla y le transmite si después de unos días haciendo algo se siente mejor. Vivimos en un periodo de tiempo donde el sedentarismo crece en la población. La salud no se puede inventar, no es crear un medicamento milagroso. La salud es permitir que la vida funcione bien, como debe.

El ejercicio y el entrenamiento físico son grandes potenciadores para el ser humano. Sobre todo las personas que llevan una vida de estilo sedentario experimentan grandes cambios en su vida cuando los introducen. Además, constituyen la base de la salud. Mucha gente se queja de que no tiene recursos para practicarlos, que no tiene tiempo o, sencillamente, que no puede. Son simplemente excusas que limitan a uno mismo, pues no hace falta apuntarse al gimnasio ni buscar compañeros. 20-30 minutos al día ya pueden ser suficientes y todo ejercicio se puede y debe adaptar a nuestras condiciones. El entrenamiento y el ejercicio pueden llevarse a cabo en casa y al aire libre. Para desarrollarlos nos centraremos en tres aspectos:

Entrenamiento aeróbico

Son ejercicios en los cuales se trabaja nuestra respiración, indispensable para su realización. Lógicamente, también se estimula el corazón, que oxigena a través de la sangre todas las células del cuerpo. Gracias a ello se puede conseguir implementar los niveles de resistencia de una manera exponencial. Este entrenamiento se desarrolla con el movimiento de grandes grupos musculares de una forma constante, pudiendo ser el tren superior (grupos musculares de brazos y espalda), practicando ejercicios como el remo; o nuestro tren inferior, el cual es más sencillo de ejercitar caminando, corriendo o haciendo bicicleta, entre tantos. También se pueden combinar ambos grandes grupos musculares en actividades como la natación, el tenis o el baloncesto. Obviamente, no hay que practicar todos. Elija los que más disfrute y sean accesibles para usted. Lo mínimo que se ha de realizar son 30 minutos de ejercicio tres veces por semana. La exigencia debe ser progresiva, dependiendo de nuestras condiciones y capacidades. Algunas orientaciones extendidas para este tipo de ejercicio pueden ser trabajar al

60-70 % del ritmo cardiaco máximo, el cual se puede calcular de manera general restándole a 220 nuestra edad. De esta forma, si usted tiene 30 años su ritmo cardiaco máximo es de (220 – 30 = 190) 190 pulsaciones por minuto. Como trabajaremos al 70 % (190 x 0,7 = 133), usted debe trabajar a 133 pulsaciones por minuto en su entrenamiento.

Además, gracias a este entrenamiento se elimina gran cantidad de toxinas a través de la piel cuando sudamos. Esta es la razón del color amarillento y del olor del sudor en gran medida. Además, junto con el siguiente entrenamiento se impulsa el sistema límbico, responsable de la movilización de gran parte de los residuos que existen en el cuerpo.

Entrenamiento anaeróbico

Son ejercicios en los que no se necesita necesariamente la respiración para poder realizarlos. Es comúnmente denominado entrenamiento de fuerza. En estos ejercicios lo que se va a estimular es la tensión muscular. Ejemplos de estas actividades que se pueden realizar son abdominales, flexiones en el suelo, levantamiento de peso, sentadillas, movimiento con pesas o calistenia, entre otros. Al igual que en el entrenamiento anterior, este debe ser moderado a nuestras condiciones. Si su estilo de vida es sedentario, los resultados al empezar a practicarlo serán exponenciales. Los músculos son los motores del cuerpo; cuidar el tono muscular nos puede dar ese extra de potencia en circunstancias puntuales y nos puede ayudar en gran medida a la hora de realizar desempeños diarios con más solvencia.

Así, lo esencial es ejercitar regularmente los músculos para que se mantengan, e incluso eleven, nuestras capacidades. La clave en el desarrollo de la fuerza reside en acercarnos al límite de las capacidades de las fibras musculares. En una ocasión le preguntaron al boxeador Mohamed Ali que cuantos abdominales realizaba al día debido a su elevado tono muscular. Él respondió que no lo sabía, porque solo empezaba a contar a partir del que le dolía. Esto responde u orienta sobre cómo se trabaja la fuerza y gran parte del ejercicio, pues los beneficios están en el final. Para ello, estos ejercicios de fuerza deben acercarse a límite de la fibra muscular, la cual 48 horas después del esfuerzo aproximadamente se recuperará, generando una fibra más fuerte. Al final los buenos resultados que se puedan obtener son una mezcla de esfuerzo y paciencia. Subrayo que el entrenamiento debe ser proporcional a nuestras capacidades y si no se realiza de una manera adecuada puede ser contraproducente, terminando en lesiones, daño y frustraciones. Por último, en este punto encontrará un escollo más. Si usted tiene un estilo de vida sedentario y empieza a ejercitarse, el cuerpo se rebelará contra el cambio. Al principio los cambios no le gustan al cuerpo y esto hay que vencerlo. ¡Ejercítese! ¡Sea una persona activa! Un día duro, mucho trabajo o el mal tiempo no pueden ser excusas que no le permitan realizar su plan. Enfrentándose está ejercitando también su voluntad. Si no ejercita su voluntad será como un velero sin timón, destinado a ir a donde le sople el viento, a donde sus circunstancias externas decidan llevarlo. Enfrentándose a esto usted toma el timón, toma el mando.

Entrenamientos de flexibilidad

Son popularmente conocidos como ejercicios de estiramiento. Este grupo de ejercicios tiene dos focos principalmente. Por un lado, se encuentra el de nuestras articulaciones: al ejercitarlas y ganar en flexibilidad se retrasa el deterioro del tejido óseo y cartilaginoso a la vez que mantenemos la movilidad de las mismas. Por otro lado, se está desarrollando la flexibilidad muscular, lo cual nos permite evitar lesiones. Los músculos actúan como una esponja, llenándose y vaciándose de sangre con cada estiramiento y cada relajación. Los ejercicios de flexibilidad se dividen en dos grupos:

- Ejercicios realizados antes del entrenamiento aeróbico o anaeróbico. Se centran primero en la movilidad articular y después en estiramientos de ligera tensión. Preparan articulaciones y músculos para el trabajo.

- Ejercicios realizados después de la actividad física. Buscan más el límite de movilidad de las articulaciones. Se basan en buscar cierto grado de tensión, pero sin llegar al dolor. En ellos, además, el músculo se vacía de sangre (al estirarlo) y se llena (al relajarlo), consiguiendo oxigenarlo. Además, esto contribuye a la eliminación de ácido láctico, que nos hace sentir rígidos y molestos. Son las comúnmente conocidas agujetas.

Finalmente, en este apartado hay que considerar que la flexibilidad corporal va disminuyendo con la edad y la única manera de conservarla es ejercitándola frecuentemente. También el sexo femenino suele ostentar mayor flexibilidad que el masculino. La flexibilidad es diferente en cada individuo y, sobre todo en este tipo de entrenamientos, no debe de ser comparado entre distintos individuos. El primer logro es conservar la flexibilidad en el tiempo y el segundo, mejorarla.

La higiene

La limpieza nasal

Respirar bien repercute en la salud. La correcta respiración debería comenzar en la nariz, porque así se ha adaptado nuestro cuerpo a lo largo de la evolución. Nuestras fosas nasales actúan de dos maneras. Por un lado, calentando el aire y adaptándolo a la temperatura corporal debido a la presencia de pequeños y numerosos vasos sanguíneos, que actúan como un radiador. Por otro lado, filtran el aire que respiramos y gracias al vello nasal y a la mucosidad muchas sustancias suspendidas en el ambiente quedan atrapadas. Por ello la higiene de esos filtros debe realizarse de modo casi diario para garantizar unos conductos bien despejados. Una limpieza nasal se puede llevar a cabo con una disolución de agua y sal o con una solución de suero fisiológico 0,9 %. Con una jeringa cargada con la solución es fácil inyectarlo a través de un orificio. Unos 10-15 mililitros con cierta presión suelen ser suficientes. Lo normal es inclinar ligeramente la cabeza hacia el lado contrario para facilitar que la solución salga por el otro orificio, o bien por la boca. Después escúpala y no la trague. Repita el mismo proceso en el otro orificio. Después de este proceso tápese un orificio y sople con fuerza, y lo mismo con el otro.

Esto puede practicarse a diario, pero si no, asegúrese de practicarlo tres veces a la semana. Notará como su capacidad olfativa mejora y respira mejor. Respirar correctamente por la nariz puede prevenir catarros, además de eliminar sustancias contaminantes de nuestro cuerpo provenientes de la atmósfera, en muchas ocasiones sucia, en la que nos encontramos viviendo.

Ayuno

Gran parte de nuestros órganos intervienen en el proceso digestivo: páncreas, hígado, estómago e intestinos, entre otros. Actúan fabricando enzimas y jugos indispensables para poder procesar los nutrientes. Trabajan en cada digestión. Durante el ayuno estos órganos disminuyen la producción de estos jugos o esta es prácticamente detenida, como un descanso. Además, se activan otras rutas metabólicas que durante la dieta normal o ingesta continuada no funcionan o funcionan en unos niveles muy bajos. El ayuno puede referirse a comer o a beber. Durante este apartado consideraremos en exclusiva el comer, pues la deshidratación se considera contraproducente para la salud y siempre hay que mantener unos adecuados niveles de la misma. Somos un 65 % de agua en nuestro estado adulto y no existen grandes reservas de agua en nuestro organismo, como sí existen de energía. La hidratación ha de mantenerse de manera continua mediante la ingestión de buena agua e ingiriendo los líquidos a ser posible fuera de las comidas, pues en solitario se absorben muy rápido y no ralentizan el proceso digestivo. A ello se suma que el agua ayuda a la eliminación de residuos y toxinas del cuerpo, luego acompañen el ayuno con buena hidratación. El equilibrio hídrico hace referencia al balance que realiza el cuerpo para compensar la entrada de agua con la salida y, por lo tanto, renovar el agua de nuestro organismo. La ingesta de agua no debe ser muy pequeña ni tampoco excesivamente grande. Se debe aportar hidratación y no olvidar que la mayoría de los alimentos que se consumen poseen una proporción de agua, sobre todo frutas y verduras.

Respecto al ayuno, es algo que se ha practicado durante toda la historia de la humanidad. En gran medida esto ha sido debido a la escasez puntual o más prologada de alimentos. Por eso a día de hoy disponemos de grandes reservas de energía. De hecho, se considera que el ser humano puede sobrevivir unos 40 días sin ingerir alimentos, aunque en algunos casos registrados de presos estos habían prolongado ese estado hasta unos 60 días. Como siempre, dependerá del individuo y queda claro que a partir de los 30 días pueden empezar a producirse deficiencias importantes en el organismo. Aun así, la reserva energética que tenemos es muy grande. Como se ha dicho anteriormente, cuando comienza el ayuno lo primero que ocurre es la disminución de la actividad de órganos digestivos, así como la producción de jugos. Durante las primeras 24 horas existen reservas suficientes de glucosa para mantener niveles normales. Es a partir de ese tiempo cuando empiezan a activarse otras vías metabólicas para la producción de energía y se empiezan a movilizar en gran medida grasas. Pasados cerca de dos días empieza a producirse un estado de cetosis. Este mecanismo permitió a nuestros antepasados sobrevivir a periodos de escasez de alimentos, pues los antepasados que no tenían estas capacidades murieron en las hambrunas. Cuando se entra en estado de cetosis el cuerpo empieza a descomponer grasas, preservando el funcionamiento del cerebro, músculos y órganos vitales. La cetosis es un estado temporal y no permanente. Ningún animal vive permanentemente en cetosis, aunque consuma pocos carbohidratos. Las dietas que buscan mantenerse en cetosis no son buenas para la salud. Durante el periodo de ayuno se movilizan grasas; por esta razón el ayuno total no es recomendable en personas con obesidad, ya que movilizarán grasas acumuladas con toxinas liposolubles (disueltas en las grasas), que llegarán en altos niveles a su sangre y, por lo tanto, puede llegar a ser en gran medida contraproducente. Las personas altamente intoxicadas deben hacer un ayuno máximo de 24 horas y para ellas son recomendables las limpiezas intestinales como, por ejemplo, las de colon.

El ayuno ha acompañado al ser humano a lo largo de su existencia. Tribus primitivas aún existentes lo practican en zonas de Sudamérica, África y Asia, donde personas aquejadas de enfermedad lo realizan. Esto es lógico; de hecho, nuestro cuerpo cuando enferma pierde apetito. Como se ha explicado, las reservas energéticas del organismo son considerables y frente a una enfermedad el organismo prefiere invertir la energía en tareas de reparación en vez de gastarla en procesos digestivos. Y es que gran parte de la sangre y la energía del organismo va hacia el estómago y los órganos digestivos con el fin de surtirlos ante su demanda de trabajo. El ayuno terapéutico se practica en la India por parte de yoguis y en las enseñanzas taoístas. Los antiguos griegos Galeno o Hipócrates prescribían el ayuno. Las religiones practican ayunos en determinadas épocas del año, como los cristianos en cuaresma o el ramadán entre los musulmanes. Los beneficios del ayuno aplican descanso a órganos y glándulas a la vez que se limpian y purifican. Y es que todo el canal digestivo se vacía y elimina desechos a través de su reducto inferior, que sorprenderá a quien ayuna por primera vez. La sangre también experimenta cierta purificación al dejar de transportar multitud de sustancias y se actúa reforzando al sistema inmune al eliminar cierta presencia de tóxicos en la misma. Se produce una gran purga en el organismo y las consecuencias son apreciables a nivel de la piel y de sensaciones en nuestro cuerpo, y es que la inflamación en el mismo disminuye cuando se ayuna. Además, es una evidencia que las células que componen nuestro cuerpo se renuevan. Esta renovación ocurre también en el interior de las células, sustituyendo proteínas y estructuras viejas en el interior de las mismas. Esto es la autofagia y fue definida por Christian Duve, evidenciando estos procesos y ganando el Premio Nobel de Medicina en 1974. La autofagia o reciclaje interno es muy interesante, ya que al librarse de esas proteínas o estructuras «viejas e inservibles» se impide que se vayan acumulando, pudiendo originar patologías como el cáncer o el alzhéimer. Siguiendo con estas investigaciones, Yoshinori Ohsumi, quien también recibió el Nobel en 2016, llega a una nueva conclusión: la privación de nutrientes (como la que ocurre en el ayuno) parece ser una vía eficaz para activar el proceso de autorreparación o autofagia.

En nuestra sociedad desarrollada, gran parte de los medicamentos que se consumen tratan altos niveles de glucosa y grasas (principalmente colesterol) en sangre. Estos medicamentos generalmente utilizan un mecanismo de acción basado en aumentar la eliminación de estas sustancias. ¿No sería más sencillo planear disminuir la ingestión de las mismas? El ayuno ayuda a la homeostasis de la sangre, a que tenga sus valores normales.

El ayuno es una limpieza y se pueden practicar diferentes modalidades del mismo. La entrada al ayuno no debe estar precedida de un atracón previo: ha de fluir con su dieta normal. En este punto se resumen cuatro ejemplos de ayuno, de menor a mayor intensidad. No deben practicarse con desconocimiento. Cada nivel requiere su adaptación y repetición. La supervisión de un profesional y su consejo pueden ser importantes, sobre todo si es su caso el de no haber realizado algo similar o su estado de salud no es óptimo. Puede empezar con los dos primeros y continuar preparándose desde ahí. Los asuntos de salud no deben ser tomados a la ligera; se trata de adoptar y perpetuar mejores hábitos en nuestras vidas de manera progresiva.

Ayuno de 24 horas a base de frutas y verduras «vivas»

Esta modalidad consiste en alimentarse durante 24 horas a base de frutas o verduras en exclusiva. Cuando me refiero al término «vivas» quiero decir que no estén cocinadas, que sean crudas, tales como ensaladas, hortalizas como zanahorias o frutas frescas. Así conservan todas sus propiedades naturales en la forma correcta. No hay que decantarse por un tipo concreto de fruta o verduras, se debe variar. Si la practica, es recomendable que consuma alimentos propios de la temporada y de su zona geográfica. Durante los ayunos hidrátese, beba agua, pero absténgase de zumos de frutas o verduras. Tome el alimento entero y mastíquelo bien.

Ayuno de 16 horas

En esta versión suprimimos una o dos de las extendidas y comunes tres comidas diarias. Lo ideal es que se supriman las comidas cercanas a la hora de sueño, ya que el consumo energético es inferior, además de ayudarnos de este periodo de tiempo. Un ejemplo sería hacerlo desde un almuerzo hasta el desayuno del día siguiente, suprimiendo la cena. Las comidas deben realizarse con normalidad y no haciendo una excesiva ingestión previa, como pudiera ser un almuerzo extracalórico en el caso del ejemplo anterior. De la misma forma, tampoco se debe realizar una gran ingesta posterior.

Ayuno de 24 horas

Es un día completo. Lo recomendable es haber practicado el anterior y descubrir cómo se va sintiendo nuestro cuerpo ante esa falta de ingestión de alimentos. Cada persona es diferente y al cuerpo no le gustan los cambios, sobre todo cuando se llevan a cabo por primera vez y de forma brusca. Es como el ejercicio: se debe llevar con progresividad este «entrenamiento». Algunas personas pueden sufrir ligeros mareos y otras nada. Sí es recomendable elegir un día en el que se no tenga una exigencia física importante e igualmente mantener unos niveles de hidratación adecuados.

Ayuno prolongado (de 2 a 4 días)

Es el más completo y en el que se considera que hemos realizado una limpieza bastante completa e intensa a la vez que se ha dado un descanso a nuestros órganos digestivos. El segundo y tercer día serán los más difíciles, ya que en ellos se acumula gran cantidad de toxinas en sangre. Esto puede hacer que se sienta fatigado o cansado, pero este cansancio no se debe en gran parte a esa falta de alimentos. Si rompe este ayuno prematuramente, en cuanto coma algo los síntomas de desintoxicación desaparecerán rápidamente. Piense que, en este periodo, cuando se encuentre peor es cuando más se está desintoxicando. Claro que se pueden presentar síntomas asociados a la falta de glucosa y que pueden confundirse con la desintoxicación; por eso el ayuno debe entrenarse y por eso este tipo de ayuno debe realizarse con conocimiento o supervisión experta. Igual que una persona puede correr una gran distancia con entrenamiento y no de la noche a la mañana, los síntomas de un esfuerzo pueden presentarse con intensidad si el entrenamiento no es adecuado.

La salida del ayuno

Del mismo modo que no tiene sentido meter en un terreno polvoriento y embarrado un coche recién lavado y mojado, con el ayuno debe ocurrir igual. El fin del mismo ha de cuidarse. Una vez decidamos que ha terminado el mismo, los alimentos que se han de ingerir han de ser saludables. Pensemos que nuestros órganos los van a absorber con gran facilidad; están descansados y deseando trabajar en su sintonía. Un procesado azucarado provocará un pico de glucosa en sangre de repente (nada positivo), obligando a órganos como el páncreas a trabajar produciendo insulina a toda máquina. Comience con frutas o verduras «vivas» con un estilo pausado. No recomiendo el consumo de carne después de un ayuno muy prologado (de tres días en adelante). Deje 24 horas de margen para volver a consumir alimentos de origen animal.

Muchos de los problemas de salud existentes derivan de la cantidad de sustancias que se acumulan en nuestros intestinos de manera prologada en el tiempo. Y es que cuando se ingieren ciertos alimentos procesados o en excesiva cantidad y con poco contenido de fibra, estas sustancias se retienen demasiado en el cuerpo, dentro del canal digestivo. Sustancias requeridas pasan a la sangre, pero esta es un transportador limitado y el exceso se acumula en los intestinos. Recordemos que la temperatura corporal es de 36 grados centígrados aproximadamente y allí, en los intestinos, comienzan a descomponerse y pudrirse los alimentos cuando pasan excesivo tiempo sin ser absorbidos. Para protegerse de ello, el intestino fabrica una especie de mucosidad, en la cual quedan retenidas estas sustancias tóxicas, teniendo función antiinflamatoria. Si esto se repite día tras día, la mucosidad se acumula y no solo eso, la luz del tubo se va viendo reducida. Problemas de estreñimiento, indigestión, molestias e incluso otros trastornos asociados, enfermedades crónicas y mentales pueden tener base en esto. El ayuno contribuye a que el intestino se deshaga de todos estos residuos acumulados durante mucho tiempo. Le sorprenderá el tipo de heces que se eliminan tras 24, 48 o 72 horas de ayuno. Las limpiezas intestinales han existido desde la antigüedad con el consumo de infusiones o hierbas purgantes. En la actualidad laxantes y productos medicamentosos son productos muy vendidos. Hay que ser precavido con el uso de muchos de ellos, pues su acción se basa en la irritación de las mucosas, que se contraen y liberan el contenido. Estos laxantes no eliminan residuos incrustados y su uso prolongado hace que pierdan efecto. La manera de conseguir una limpieza más profunda de ello se puede llevar a cabo con agua, exactamente con una irrigación colónica.

Limpieza intestinal

Las irrigaciones colónicas son muy frecuentes; de hecho, son comunes en atletas y deportistas de elite. No hay que confundir irrigaciones colónicas con lavativas. Las lavativas limpian el recto. Las irrigaciones colónicas consisten en enviar un chorro de agua a través de la longitud del colon, pasando varios litros durante la sesión. En nuestro cuerpo se acumulan de dos a siete kilogramos de residuos. La irrigación debe ser realizada por un profesional, pues realizarla sin conocimiento puede provocar graves daños y lesiones en el organismo. Cualquier especialista de digestivo puede orientarle y ayudarle en este tema.

La buena evacuación

La invención del retrete cambió la manera de ir al baño en el mundo desarrollado. La gente se ha acostumbrado a comer y a excretar sentada, algo que no sucede en países donde no ha llegado este desarrollo en gran medida, como son la India o África en sus regiones más tradicionales. Sin embargo, al sentarnos se obvia un problema, y es que la parte final del colon descendente queda doblada, obligando a realizar un mayor esfuerzo que puede derivar en hemorroides o estreñimiento crónico. Es muy extendida esa sensación de no haber acabado y no poder expulsar más. El ser humano ha excretado históricamente en cuclillas y el cuerpo todavía no ha evolucionado en estos últimos 100 años para cambiar un hábito de miles de años atrás. En cuclillas o agachados liberamos la parte final del conducto digestivo excretor y comprimimos más nuestro abdomen, a la vez que se abren más nuestras nalgas, haciendo que el proceso sea más fácil y limpio y ofreciendo mayor sensación de «desahogo». La solución es bien sencilla: busque unas alzas que le permitan levantar sus piernas, adoptado una posición similar a la de cuclillas o agachado (se venden algunas específicas para ello) o, si no tiene disponibilidad, levante sus piernas y sujete sus rodillas. Busque conseguir esa posición agachada. Los cambios y los resultados son inmediatos. Hágalo y siéntalo.

El descanso

Constituye un aspecto de suma importancia y en el que muchas personas se han descuidado. El descanso tiene que ver con la recuperación, por lo que merece gran atención por dos motivos fundamentales. Por un lado, recomponer. No solo es el cerebro el que necesita el descanso. Nuestro corazón baja el ritmo, el metabolismo de nuestras células disminuye. Un buen descanso es un pequeño *reset*, como un pequeño renacer, gracias al cual se puede volver a disponer de capacidades plenas para otro nuevo día. Por otro lado, en el sueño es más importante la calidad que la cantidad. Se habla de que debemos dormir ocho horas todos los días, pero no es algo genérico. Depende de las necesidades de cada individuo. Cuanto más cuide la calidad de su sueño, menos horas del mismo necesitará. Se dice que nos pasamos un tercio de nuestra vida durmiendo. Si mejoramos la calidad del mismo, podremos vivir más.

Antes de ir a la cama hay que ocuparse de varios detalles para mejorar la calidad del descaso. Algunos de las más destacables son:

Rutina del sueño

Dentro de nosotros hay un reloj. Se le conoce científicamente como ritmo circadiano. Este reloj es responsable de muchas funciones como la digestión, la calidad del sueño o el estado de ánimo. Si el reloj está bien programado y ajustado, todas estas funciones se llevarán a cabo mejor y se sentirá con más energía. Este ciclo se repite cada 24 horas y las hormonas y ciclos químicos se rigen por él, de manera que cada una de nuestras células sabe cómo funcionar. Cuidando este ciclo facilitamos el trabajo de nuestro cuerpo.

La luz estimula este ciclo en gran medida. Dos sustancias fundamentales son reguladas gracias a ello: el cortisol y la melatonina. El cortisol aumenta por la mañana y decae a lo largo del día; con la melatonina ocurre al contrario.

Esto puede verse alterado por el estrés y la luz artificial (pantallas o luces) o la falta de exposición a la luz natural. Salir al sol por la mañana y recibir luz natural, a la vez que evitamos luz brillante o azul por la noche, ayuda a regular este ciclo. Al levantarse temprano siempre se aprovecha mejor el día y además ayudará a dormir antes. Deje la persiana bien abierta, despiértese con el amanecer del sol. El brillo del amanecer entrará en su cuarto. Es el mejor despertador. La luz del sol ayuda a regular su reloj.

Alimentación y descanso

Es importante dejar de comer entre cuatro y cinco horas antes de ir a dormir para que la digestión haya finalizado por completo. La primera parte de la digestión se lleva a cabo en el estómago; esta digestión es de tipo ácido. Tumbarnos con el estómago lleno lentifica este proceso, puesto que la gravedad estimula el vaciado del mismo. Además, tumbados los componentes de la digestión tendrán más fácil retornar por el esófago, el cual carece de la protección contra la acidez que sí posee el estómago. Respecto a la ingestión de líquidos, no se recomienda beber 30 minutos antes de acostarse, ya que cuando nos acostamos este volumen sube a la parte superior del estómago, al tubo esofágico, y recordemos que en el estómago hay ácido que se disolverá en el agua.

Algunas personas mayores o de digestión lenta descansan mejor elevando el cabecero de sus camas. Esto es dormir ligeramente más verticales y no completamente horizontales y es otro punto que se debe considerar.

Posición para dormir

La posición de la cabeza es fundamental para el descanso. Gran parte de la tensión de nuestro día se acumula en los músculos de la espalda y del cuello. Pensemos que pasamos varias horas durmiendo y que de la posición que tomemos dependerán la relajación y el descanso de estos grupos musculares. Por ello, la almohada ha de mantener la cabeza en una posición similar a la que tenemos erguidos, con las orejas a la altura de los hombros. De esta forma, si dormimos boca arriba nuestra almohada no ha de ser excesivamente gruesa. En ocasiones la respiración es más difícil para algunas personas cuando duermen boca arriba; en tales casos dormir de lado es otra buena opción. Es recomendable dormir hacia el lado izquierdo, pues hace más fácil al corazón el bombeo de sangre, ya que en su salida la arteria arquea hacia este lado. Dormir boca abajo ejerce presión en nuestro cuerpo y no es recomendable.

Relajación para descansar mejor

El masaje del agua

Un consejo sencillo para relajarse antes de dormir es tomar una ducha o baño unos 20-30 minutos antes de ir a la cama. Una ducha o baño con agua tibia o fresca ayudará a descansar mejor. Aunque en primer momento parezca que le espabila, el efecto de relajación llega después. El agua cayendo sobre la piel arrastra suciedad, pero esa estimulación también ayuda a alejar ciertos pensamientos. Si está preocupado, tenso o agitado, una ducha hace que libere ciertas tensiones y cargas.

Ciertos aromas

En particular los aceites aromáticos, pues pueden incidir en el estado de ánimo al repercutir, gracias a los receptores olfativos de nuestro cuerpo, en áreas donde se almacenan memoria y emociones. Los aromas pueden llevar a la relajación, haciendo más sencillas ciertas tareas como, en este caso, es el descanso. Su aplicación es recomendable a través de un difusor o de una vela, la cual se mantiene encendida gracias a que su mecha se encuentra sumergida en el aceite. Aplicarlos sobre la piel no suele ser recomendable, pues pueden producir irritación en la misma. Los aceites más recomendables para el descanso son aceite esencial de lavanda, manzanilla romana y mandarina. Basta con aplicarlos unos veinte minutos antes en la habitación donde vamos a descansar. Su olor no debe ser excesivamente intenso, sino más bien ligeramente tenue.

La meditación

El objetivo de ello es que, gracias al foco y control de nuestra respiración, alcancemos un estado de calma y relajación. Existen multitud de guías y recomendaciones; aun así, veremos algunos detalles en el apartado correspondiente. Meditar diez minutos antes de ir a dormir, e incluso en la misma cama, nos puede ayudar a conciliar un mejor descanso.

Antes de apagar, la copia de seguridad

Repasar su día. Esto, más que una ayuda a dormir, es tanto un ejercicio de memoria intelectual como una reflexión sobre si usted está haciendo lo adecuado o no. De vez en cuando se debe analizar qué estamos haciendo con el proyecto de nuestra vida. Antes de cerrar el día, ¿qué mejor que analizar y renovar esos propósitos?

Capítulo 2. El pilar intelectual

El cerebro es el órgano más complejo del que disponemos. En estado adulto se compone aproximadamente de 100.000.000.000 de células, denominadas neuronas. Obviamente, en el cerebro no existe solamente este tipo de células, pero son las que llevan a cabo principalmente su función. Somos la única especie que se denomina «ser» (seres humanos). Y es que, a diferencia de cualquier otro animal, nosotros somos capaces de tener consciencia de nosotros mismos. Esto ha hecho que en nuestras vidas se desarrollen, sin precedentes en la historia de nuestro planeta, las mayores capacidades emocionales e intelectuales. Pero también la evolución nos ha llevado al desarrollo de una última capa en nuestros cerebros, denominada corteza cerebral. Esta capa nos permite pensar, nos permite tomar conciencia de las cosas, y no podemos olvidar, como decía el tío de un famoso superhéroe, que un gran poder conlleva una gran responsabilidad. Todo lo que hemos creado en los últimos años, lo que hemos cambiado este planeta, ha sido gracias a esta última capa.

El conocimiento es acumulativo. Esto quiere decir que se han necesitado miles de años de conocimiento para llegar a la página que usted está leyendo y viviendo. Piense las generaciones que tardó en desarrollarse la escritura, símbolos para encriptar palabras que hasta esos momentos solo tenían el precedente de sonidos y, posteriormente, unir esos símbolos para plasmar estructuras más complejas (frases). Hasta hace solo unos 650 años los escritos se copiaban a mano. Todo esto, considerando que la edad de nuestra especie es de 2,5 millones de años (primeros seres humanos con las capacidades que hoy tenemos) hasta hoy. El conocimiento crece de manera exponencial y es fácil de ver observando ese trasfondo. Para llegar a este libro que tiene entre manos hay miles de vidas (en forma de tiempo) invertidas en conocimiento. Y es que sería imposible que una persona llegase a la gran cantidad de información de la que disponemos hoy en una vida y esto es gracias al conocimiento acumulado. Este capítulo se centrará principalmente en el área intelectual y del conocimiento.

El desarrollo del conocimiento

El despliegue del conocimiento en un individuo está estrechamente vinculado al tiempo. Y me refiero en concreto a la edad. La base anatómica del cerebro se desarrolla en los primeros 9 meses. Tras el nacimiento, el cerebro no está completamente desarrollado. Los 3 primeros años de vida son fundamentales en su desarrollo, adquiriendo autonomía y funciones conscientes de nuestro organismo. En estos primeros años es cuando más rápidamente crece ese órgano en toda la vida del individuo y en ellos se constituyen las bases del movimiento, que nos permitirá modificar nuestro alrededor. Esto se ve claro cuando advertimos que la mitad de nuestras neuronas se encarga de elaborar información y coordinar movimientos, mientras que la otra parte se focaliza en funciones superiores. En esta primera etapa se controlan grupos musculares y empiezan el habla y el lenguaje.

Posteriormente, una segunda etapa podría abarcar de los 3 hasta los 10 años y tiene dos subpartes. Una puede englobar hasta los 6 años y en ella se empiezan a adquirir las destrezas con el mundo que nos rodea y se comienza a desarrollar la personalidad. La segunda subparte llegaría hasta los 10 años de vida y en ella se adquiere gran parte de los contenidos en conocimientos y comportamiento social. Estas subpartes son fundamentales en la educación. De hecho, en experiencias llevadas a cabo en vivo por niños que se criaron fuera de la sociedad se evidencia que sus capacidades son limitadas debido a la falta de estímulos en esos años tan importantes. Según el lingüista Noam Chomsky, existe un periodo limitado para aprender un idioma de manera natural y este se sitúa en torno a los 3 años. Si a partir de esa edad no se estimulan esas áreas del cerebro con los conocimientos que corresponden, el niño jamás desarrollará las estructuras cerebrales necesarias para aprenderlo. La estimulación en estos primeros años determinará toda una vida.

La última etapa va hasta los 22 años aproximadamente. En ella se va a constituir toda la estructura de nuestro cerebro. La habilidad para procesar información y la mayoría de nuestro saber se adquirirán durante estos años. Es como un árbol que se tuerce buscando el sol. Si durante su crecimiento se le pone un corrector, es fácil que el árbol sea recto; sin embargo, cuando el árbol ya ha crecido prácticamente no tendremos margen para corregir esa desviación. Así funciona el desarrollo de nuestras capacidades y conocimiento y se ve claro con las nuevas tecnologías: ¿a qué grupo de edad le cuesta más adaptarse?

Hacer que el conocimiento crezca

Cultivarlo desde muy temprano es fundamental para poder seguir alimentándolo en el futuro. El conocimiento es la base de nuestras habilidades y estas nos capacitan. Muchas de nuestras destrezas son adquiridas en nuestro ámbito familiar, aunque en los últimos tiempos libros e internet han abierto grandes caminos en el aprendizaje. Nuestra educación formal de conocimientos es adquirida en los colegios e institutos hasta poder alcanzar niveles universitarios. Sin embargo, en este camino del conocimiento, que no siempre es académico, muchas personas deciden abandonar o cuando finalizan cierta etapa de educación formal se establecen en un trabajo y por diferentes razones abandonan esta disciplina, lo que puede permitir que la mente en este aspecto pueda llegar a atrofiarse. Abandonar el aprendizaje comienza cuando se dejan de explorar temas nuevos con profundidad, dejando de pensar analíticamente, de leer cosas formales o de escribir. Es muy común hoy en día adoptar directamente opiniones o pensamientos de terceros (tales hechos ocurren frecuentemente en redes sociales) como, por ejemplo, de un tuit o de la televisión.

En situación de abandono del área intelectual, el individuo no se detiene a analizar los pros y los contras de un tema y a elaborar una propia crítica, sino que adopta lo primero que considera creíble.

Redes sociales y plataformas de televisión absorben gran parte del tiempo de un individuo a día de hoy. No me estoy posicionando en contra de ello (son unas herramientas muy fuertes, a las cuales estamos expuestos y de las que adquirimos valores), sino que manifiesto que también se puede ver la televisión y las redes con sensatez, gestionando el tiempo que se les dedica. Existen contenidos de entretenimiento, pero también de alta calidad y educativos que pueden enriquecernos; otros son pura basura que busca adoctrinarnos y abducir nuestro cerebro. Por último, no es solo el robo intelectual que nos hacen, sino también el tiempo que quitan a otras tareas que bien nos demandan atención, como dedicar tiempo a la familia, hablar con los padres, pareja, hijos o amigos. Se puede también compartir tiempo de esta manera y no mirando únicamente una pantalla.

Afinar la herramienta

La educación afina y construye la mente. Es una de las inversiones fundamentales y debe ser vital para nosotros. La mente ha de ser abierta y examinadora. Esto quiere decir que se debe incluso tomar distancia de nuestras propias perspectivas, es decir, llegar a ser críticos con nosotros mismos. Estudio sin esto, cierra la mente. Por ello, leer filosofía o a grandes pensadores da gran valor.

Siempre es buen momento para empezar a adquirir nuevos hábitos sobre ello y una gran propuesta es leer un libro al mes. Ponerse este tipo de objetivos le ayudará a planificarse y autodisciplinarse. Cree un compromiso consigo mismo. Escriba un plan y cúmplalo. Escribir las cosas crea compromiso con las mismas. Planifique una escapada a algún museo o centro cultural. Se puede incluso aprender observando cómo funcionan cosas de nuestro entorno o intentar repararlas cuando tienen algún problema. En algún momento de nuestras vidas aparecerán problemas y crisis y para eso se desarrolló y evolucionó nuestra mente: para buscar soluciones. Mientras más enriquecida esté, mejor podrá salir de cualquier apuro que se le plantee. La diferencia entre donde usted está y donde le gustaría llegar es conocimiento. Le animo a empezar a construirlo ya, desde hoy, y este libro es un paso importante. El conocimiento es como un viaje: si todos los días no se camina un poco, en un solo día será imposible recorrer más que unos pocos kilómetros y puede que nos quedemos lejos del destino. Es como la carrera de la fábula entre la liebre y la tortuga.

El lenguaje

Cada cultura tiene un conjunto de historia común, lo que nos hace tener una base de ideas semejantes que articulan nuestro pensamiento. Como expone la hipótesis de Sapir-Whorf, nuestro lenguaje condiciona el modo en el que pensamos. Se suele creer que la diferencia entre un idioma y otro se basa en diferentes símbolos o sonidos, y es que idiomas cercanos y con interacción se llegan a configurar de manera similar. Sin embargo, a medida que nos alejamos de esto se pueden apreciar cambios sustanciosos. Diferentes lenguas poseen matices diferentes para expresar conceptos como el exterior, el clima o incluso el tiempo. De hecho, algunas culturas muy enraizadas con su tradición consideran que si tuvieran que situar el pasado delante o detrás de ellos lo situarían delante, al contrario que entre los occidentales, que consideramos que el pasado está detrás y el futuro por delante de nosotros.

Tal y como se ha explicado en el punto anterior, los tres primeros años de nuestra vida son muy importantes en el aprendizaje del lenguaje. El lenguaje que aprendemos constituye nuestro idioma materno, se graba en lo más profundo de nosotros y pasa a ser parte de nuestra mente como una herramienta que empleamos para interpretar nuestro mundo. Los casos de ello son múltiples. Por ejemplo, el inglés y el español en el empleo de sujetos y elaboración de tiempos verbales. Debido probablemente a la mayor sociabilización en los países hispanos gracias a su buen clima, el español comunica con una palabra («leeré») aquello para lo que el inglés necesita tres («*I will read*»). El finés contiene varias decenas de palabras para definir diferentes tipos de nieve, cosa que en otros idiomas no ocurre. Otro ejemplo es una tribu amazónica, la cual no tiene palabras para los números, diferenciando solo las cantidades entre muchos o pocos, que son conceptos relativos de cantidades. Esto les permitió a los científicos darse cuenta de que los números o la cuantificación no son algo innato al ser humano, sino que lo tiene que desarrollar. Como bien suponemos, ningún individuo que pase su infancia aprendiendo esta lengua será jamás un gran matemático y probablemente nunca llegue a comprender las matemáticas con soltura, puesto que su lengua, como herramienta, presenta limitaciones. Los lenguajes evolucionan, enriqueciéndose y permitiéndonos funcionar con mejores herramientas. En estudios sobre la creatividad en niños y adultos se les preguntó sobre cuántos usos podrían hacer de un clip. La cifra de soluciones que dieron era más alta en los niños que en adultos o adolescentes. ¿Por qué? Sencillamente, los niños planteaban que el clip tuviera un metro o fuera de otros materiales. ¿Matamos la creatividad cuando crecemos o más bien es el sistema educativo el que actúa, fabricando «individuos» iguales como una cadena de montaje? Lo que queda claro es que los conceptos y el lenguaje van a constituir una herramienta para solucionar problemas en nuestra vida y, aunque podamos emplear un destornillador plano para apretar un tornillo de estrella, esto no puede funcionar siempre tan bien. Enriquecer el intelecto también se puede llevar a cabo desde el estudio de las lenguas, pues son las herramientas con las que se manejan los conocimientos y por eso creo que merecen un apartado en este bloque. Nuestros niños, las nuevas generaciones, deberían mamar desde la cuna dos o tres idiomas, que se conviertan en maternos para ellos. Los aprenderán sin esfuerzo en sus primeros años y no con ardua fatiga en edades adultas y les servirán para el resto de su existencia. Pero nunca es tarde. Estudiar un idioma es cultivar el intelecto.

Abusar con el lenguaje

Por último, también merece una mención el uso del lenguaje con fines de manipulación, engaño y adoctrinamiento. Y es que gracias a la gran difusión de información que existe en la actualidad se extralimita el uso del mismo.

El lenguaje, en ciertos momentos, puede llegar a ser muy visceral en su expresión, pero es lo más representativo de lo que un individuo pretende comunicar realmente. Los excesos de «corrección» moderna, «corrección política» en muchos casos, no son más que adornar el mensaje demasiado, de tal manera que, aunque no queramos el regalo, tengamos que aceptarlo. La visceralización del lenguaje también comunica. Por ejemplo: un «hay que parar». Existen multitud de caminos para decir que uno está harto («¡ya está bien!» o «¡váyase!») o adentrarse en términos fuera de esa «corrección», que pueden asegurar al cien por cien que el receptor entienda el mensaje. No quiero decir que la corrección y las formas no estén muy bien (al contrario, es símbolo de respeto en muchas ocasiones), pero también se debe ser precavidos, porque ante un emisor manipulador todo ello puede caer en saco roto. Y es que cuando se pretende conseguir algo existen dos caminos principales: la violencia o la persuasión. La perversión del lenguaje es una forma de persuadir. Las palabras son una herramienta muy poderosa. Hay una historia sobre ello que ejemplifica esto muy bien:

> *Había una vez un rey que tuvo un sueño poco habitual en él. En el sueño el rey perdía el brazo en un accidente, pero sobrevivía. Alertado, al despertar hizo llamar al sabio de su corte para que interpretase lo que había soñado.*
>
> *—Lo siento, mi rey —dijo el sabio—. Esto significa que vais a perder a varios seres queridos.*
>
> *Enfadado por esas palabras, el rey hizo retirar al sabio de su presencia y lo mandó castigar por su insolencia. En la corte, un sirviente le recomendó escuchar la interpretación de un sabio muy popular en el pueblo. El rey pensó que necesitaría otra interpretación de su sueño; por lo tanto, accedió y le hizo llamar. En presencia del rey, este segundo sabio le dijo:*
>
> *—Enhorabuena, su majestad. Se os avecina un futuro con larga vida, en la que sobrevivirá a muchos parientes.*
>
> *El rey se sintió contento y ordenó una bolsa de oro para el sabio.*
>
> *Al salir del palacio, el sirviente que le conocía y recomendó le dijo admirado:*
>
> *—En realidad, usted ha hecho la misma interpretación del sueño que el primero y las consecuencias han sido opuestas: para uno un castigo y para otro un premio.*
>
> *El sabio le respondió:*

—Querido amigo, todo depende de las palabras. De la comunicación dependen la paz o la guerra, la felicidad o la tristeza. La verdad es como un cuchillo. Si se lo lanzamos a alguien o esta persona no lo sabe coger por la empuñadura, se puede hacer daño. Si lo entregamos en una vaina delicadamente o quien lo recibe lo sabe manejar y coger por la empuñadura, lo aceptará con agrado.

Hoy en día es muy habitual ver ambas cosas, tanto lanzar cuchillos como entregarlos muy decorosamente. El conocimiento nos hace saber manejar un cuchillo, sabernos retirar cuando nos lo lanzan, cogerlo por la empuñadura y, finalmente, utilizarlo con destreza. Lo demás solo nos puede llevar a cortes y heridas.

Este uso del lenguaje es muy común en esferas políticas, donde se habla de reformas en vez de recortes, de conciertos cuando en realidad es privatización e incluso a los que tienen una opinión diferente a la oficial se les llama negacionistas en lugar de discrepantes. Se cambia el discurso con palabras positivas para influir en el receptor, al igual que en el rey de la historia. Igualmente con términos negativos para restarle importancia o credibilidad.

Se le atribuye a Joseph Goebbels, pilar de la propaganda del partido nazi, la ley de «repite una mentira con suficiente frecuencia y se convertirá en verdad». A esto se le conoce como ilusión de verdad y la conclusión de los estudios es que la gente tiende a creer aquello con lo que se le familiariza, y una mentira que se repite lo es. Esto funcionó en el pasado y lo sigue haciendo en la actualidad. Lo practican las ideologías. Solo siéntese a analizar cómo se interpreta un mismo hecho que acontezca. Sin embargo, el conocimiento está ahí. Usted puede analizar incluso los pilares de sus creencias y ser crítico con ellos. Así avanza el conocimiento. El conocimiento no es una democracia. La ciencia, como representación de conocimiento, tampoco lo es. Las decisiones en estos campos no se toman por consenso. Se toman por método analítico. Se generan hipótesis y luego se contrastan. Si tuviera que haber consenso, aquellos investigadores de conocimiento que plantearon que la Tierra no era plana o que no era el centro del Universo habrían quedado en el olvido, pues eran minoría. Eran uno contra casi todos y les era muy difícil exponer sus razones ante una sociedad adoctrinada e inculta, que se negaba a analizar los pilares de su conocimiento y sus creencias y que había construido una «verdad» a base de repetir una mentira desde su nacimiento. Aun así, no consiguieron vencer a esta minoría.

Las ideologías intentan manipular el lenguaje para imponer sus ideas. Si algo es contrario a su ideología lo llamarán con términos negativos del mismo y si algo es interesante utilizarán términos positivos. De esta manera, grupos abortistas se refieren al feto como conjunto de células, contenido del útero y evitan usar el término madre. Al contrario, grupos en contra de ello llamarán al feto bebé, hijo o ser humano y dirán que es parte de su madre, una vida independiente. Si criticas una ideología, se utiliza la perversión de la lengua para adjetivarte con términos negativos. Así, por ejemplo, si no crees en ciertas posturas capitalistas eres un comunista o marxista, si haces alguna cuestión a ciertas posturas socialistas eres un fascista. Y es que existe desproporción en los términos, sobre todo cuando se cuestionan dogmas, pues se presenta como radical a quien no piensa como tú, pero siempre negando que el que lo dice lo sea.

La adulteración y perversión del lenguaje está ahí y depende del receptor cómo captar el mensaje, es decir, ese cuchillo de la historia. No olvidemos que la reacción que se busca en el sujeto es diferente cuando se usan términos iguales, pero con diferente connotación: país rico y país desarrollado, subvención y ayuda, subir impuestos y repartir riqueza. Hoy es difícil salvar a alguien, porque hasta los que piensan como tú han podido ser manipulados.

En las redes sociales se ven insultos continuamente y la mayoría de ellos proviene de una recepción nefasta y adulterada del lenguaje. Ortega y Gasset hablaba del perspectivismo, que no es más que existen muchos puntos de vista posibles para una misma circunstancia. Un ejemplo de cómo esto se hace evidente es cuando se lee un mismo libro en dos periodos distintos de nuestra vida. Y es que interpretaremos cosas de manera diferente, basados en nuestra experiencia vital, la cual cambió durante esos años. La base del conocimiento pasa por mejorar la herramienta que lo controla, que es el lenguaje. Enriquézcalo, amplíelo. Es algo que no le podrán robar y le hará menos fácil de manipular.

Finalmente, para acabar este apartado, me gustaría incluir que estos planteamientos ocurren en todos los campos de nuestra vida y la publicidad es el otro gran «manipulador», junto con la política, en nuestras sociedades. Y es que, si nos paramos a analizar, ocurre en gran parte de los anuncios de televisión y redes y en los productos de consumo. En todas las grandes empresas hay un departamento de *marketing*, que cada vez ha ganado más importancia y que hoy prácticamente lidera a la empresa y se sitúa en el centro de la misma, haciendo que todas las decisiones circulen en torno a él. Su principal función consiste en colocar ese producto en el mercado y al consumidor. Que se compre lo máximo posible, en otras palabras. Buscan el mayor número de consumidores posibles y en muchos casos no tienen ningún tipo de reparo en acudir a la adulteración y perversión de lenguaje. De hecho, si algo necesita anunciarse mucho no suele ser bueno.

La responsabilidad

Etimológicamente, la palabra responsabilidad proviene del latín *responsum*, que es una forma de ser considerado como el sujeto de una deuda u obligación. En general, hoy este término se entiende como la capacidad de reconocer o aceptar las consecuencias de un hecho, lo que suele implicar la culpa de la acción. Sin embargo, filosóficamente su concepto ha abarcado desde una virtud libre y consciente a un imperativo, pero en todos los casos la responsabilidad es un término que está relacionado con la conciencia y el conocimiento y que alude a nuestra capacidad para dar respuesta a una situación.

Responsabilidad = habilidad de dar respuesta

Entender esto es fundamental, porque poseer habilidad de respuesta da posibilidades prácticamente ilimitadas a las circunstancias, ya que nos permite implicarnos en todo que sucede. Así, desde esta perspectiva, si por ejemplo llueve, ser responsables implica la capacidad de dar respuesta: mojándonos, cogiendo un paraguas o esperando a que escampe, entre otras.

El conocimiento es una herramienta muy útil en este apartado. Y es que a mayor agudeza más posibilidades de elegir cómo ser responsable de algo. Considerándolo de esta manera, un ser humano puede responsabilizarse de todo, porque es capaz de generar una respuesta, tanto física como no. Imagine que se presenta un momento desagradable sufriendo un impacto en su coche. Hacerse responsable le permite elegir entre enfadarse y gritar o intentar arreglar las cosas pacíficamente. Por un lado, ser responsable implica tomar consciencia de una situación y no dejarse llevar por el impulso; y por otro, tomar conocimiento de las posibilidades para elegir la más acertada. Viviendo de esta forma se puede tomar responsabilidad de todo, pues nos une con la realidad, en la que todo está conectado: valorar la respuesta entre arrojar basura en cualquier lado o depositarla en un lugar adecuado para su reciclaje o procesamiento, que son diferentes respuestas, conecta con cuidar nuestros parques, bosques y ciudades u obrar en contra. Insisto en que nos podemos y debemos responsabilizar de todo, pues responsabilizarse implica una respuesta consciente y con conocimiento. Nos podemos responsabilizar hasta del sol, poniéndonos una gorra o crema solar, porque se está respondiendo. Este tipo de actitud, este despertar de la conciencia, crea empoderamiento y gracias al conocimiento se puede nutrir.

Además, la responsabilidad es un estado presente y activo, una habilidad de responder, una acción. Si la relacionamos únicamente con el pasado pierde valor, pues el pasado ya existió y no se puede cambiar. Por eso es tan importante tomar conocimiento de nuestra responsabilidad a la hora de actuar, porque poder elegir nos da libertad, mientras que si abandonamos, no tomando ninguna responsabilidad o pasando de una realidad, es lo contrario de ser libre, es ser un esclavo. Usted es libre de vestir como quiere porque elige su ropa, se responsabiliza. Si alguien lo hiciera por usted, sería esclavo. Ser responsable le convierte en amo de su vida.

Finalmente, si podemos responsabilizarnos de todo, ¿también somos responsables ante todos los males o desgracias? Sí, lo somos, pero no quiere decir que se sea culpable. Por ejemplo, no es culpable de los problemas de obesidad en el mundo, pero sí se puede generar una respuesta ante la misma, ya sea consumiendo productos saludables y evitando comprar los que no son, así como educando a los pequeños, entre otras miles de posibilidades. No somos culpables de muchos de los daños medioambientales que se producen en el planeta, pero es responsable y puede actuar eligiendo cuidar su ecosistema, su localidad o estableciendo ciertos hábitos en casa. Y con el conocimiento se enriquece el número de posibilidades para dar una respuesta mejor.

La libertad

En líneas generales, se considera la libertad como una facultad y un derecho de las personas para poder elegir, bajo su voluntad, la manera de actuar. También se podría decir que la libertad es hacer con gusto lo que cada situación demanda, pero se debe considerar que caer en el hecho de hacer solamente lo que a uno le resulta agradable acaba derivando en un comportamiento procrastinado o compulsivo, donde se confunde libertad con libertinaje. Esto es lo que quiero significar aquí. Nuestra experiencia vital influye en nosotros y se debe tomar conciencia de este hecho. Así, tanto el modo en el que se piensa, nos sentimos o entendemos la vida como nuestros gustos están determinados por el lugar en el que se nace, nuestra familia, los amigos o la educación que se recibe, entre cientos de factores más. Reconociendo la experiencia vital se amplía la percepción de las cosas, diferenciando estos términos y comportamientos.

La libertad reside en la acción de crear y construir nuestra vida con voluntad. Y claro que en ocasiones nuestra experiencia vital se solapa, porque no se pueden evitar la mayoría de las cosas que nos ocurren en nuestro día a día, pero se pueden reconducir. La libertad sería la diferencia entre montar a un caballo sin riendas y a decisión del animal o cogiéndolas y tomando el control. No se puede elegir el caballo que nos toca de origen, nuestra experiencia vital, pero sí se pueden tomar las riendas del mismo con conciencia y conocimiento para poder elegir hacia dónde queremos ir. La libertad está en que ni nadie, ni algo, ni sus pensamientos, ni su cuerpo le llevan por sí. Su voluntad es lo que le lleva y lidera. Todo lo demás respecto a este término son aclamaciones vacías y charloteo, porque se excusa en que se va a obtener más bienestar o calidad de vida cuando una persona se deja llevar por sus compulsiones, influencias o impulsos, pero esto no es así. El bienestar reside en cómo se experimenta la vida y no en qué. De hecho, si se crea una rebelión en pro de la libertad sin un propósito o voluntad solo se hace por una rabieta o un enfado y está destinada al fracaso, acompañado de dolor y sufrimiento.

Libertad es un término muy relacionado con responsabilidad y por eso tiene este hueco aquí. La responsabilidad crea opciones; poder elegirlas da libertad. Libertad solo como compulsión, por sí sola, termina en desastre.

En la ignorancia se vive mejor

Ese es un punto de vista muy ampliamente extendido en la sociedad. Y es que se relaciona el saber con el sufrir de la siguiente forma: el sufrimiento reside en el conocimiento, las cosas no se pueden cambiar. Ojos que no ven, corazón que no siente. Y sí, este famoso refrán es verdad. Lo que no vemos no lo sentimos. ¿Pero qué pasaría si algún día por casualidad nos topamos con esa realidad?

También existe otro refrán que dice: «No dejes para mañana lo que puedas hacer hoy». Y es que mejor conocer ahora, saber la verdad ahora, que dentro de un tiempo o quizás en su propio lecho de muerte. Somos seres inteligentes y no podemos pretender vivir en la ignorancia. Va contra nuestra propia naturaleza, nuestra evolución. A diferencia de los demás animales, tenemos una conciencia muy superior. Ser conscientes es nuestra naturaleza. No podemos pretender vivir nuestra vida de la misma manera que un insecto. Los que tienen alas deben volar; los que tienen aletas, nadar; y los que tienen inteligencia, pensar. La inteligencia es nuestro don, nuestra bendición, y renunciar a ella es renunciar a nosotros mismos.

Para ilustrar esto del mejor modo posible, hace algún tiempo escribí esta conversación, imaginando a una niña y a su abuelo, y creo que ahora, en este apartado, tiene su lugar y momento de compartirla.

Y LUCÍA PREGUNTÓ QUÉ ERA LA VIDA Y DE QUÉ VALIA SER INTELIGENTE; SI NO, MÁS BIEN, TODO SERÍA MÁS FELIZ EN LA IGNORANCIA.

Digamos que tu vida es como un segmento, una línea delimitada tanto en su inicio como en su final, y a lo largo de esa línea corre un punto movido por el tiempo. En esa línea podemos encontrar a tres Lucías. Desde el punto presente, que se desplaza a lo largo del segmento hacia la izquierda, es la Lucía historia. Dicha Lucía solo es información. A la derecha del punto presente encontramos a la Lucía futura; no se sabe nada de ella, solo que mañana llegará. Y la más importante de todas, la Lucía presente, el punto, constituye el ente vivo y se vale de la Lucía historia para alcanzar la Lucía futura. Constantemente se moldea, se crea, cambia para enfocarse hacia la construcción de esa Lucía futura. La voluntad denota su herramienta más fuerte y durante toda nuestra vida encandece.

La inteligencia es la herramienta que tiene la Lucía presente para construir a partir de la información de Lucía historia lo que Lucía futura será. A mayor nivel de esta herramienta, mayor será el ejercicio creativo y conducirá hacia caminos llenos de esperanza, orgullo y, a grandes rasgos, felices. La carencia de ella llevará a caminos movidos por los vientos de otras inteligencias, que pueden llegar a estar vacíos de autorrealización.

La inteligencia es una herramienta que nos permite visionar el futuro de los actos, los dota de responsabilidad y nos hace consecuentes de nosotros mismos. La inteligencia permite que puedas hacer de tu interior un palacio. Puede que fuera se den las peores circunstancias, pero tú vives dentro y tu palacio puede ser resistente a todo.

A lo largo de la vida, el punto anterior seguirá empujado por la fuerza del tiempo en camino hacia delante y llegará al final del segmento. Lucía presente y futura desaparecerán, el ente vivo morirá y solo quedará Lucía historia.

¿Y de qué valdrá? Pues con seguridad a partir de aquí nada puedo contar. Quizás la necesitemos para atestiguar lo que hicimos o fuimos ante una vida nueva. Quizás pase a engordar muchas más historias pequeñas y que hagan posibles muchas más. Quizás se una como un capítulo importante a la historia de la humanidad. Quizás críe polvo en un estante durante

muchos años hasta que el desgaste acabe transformándola en polvo. Pero sí tengo una seguridad: deseo que valga la pena. No tiene que ser abierta, pero si en algún momento se da el caso y alguien se atreve a leerla, el deseo de pensar que se emocione, que se le comprima el corazón y se le inunden sus ojos, que arranque suspiros, respiraciones profundas y llegue a despertar pasión, será suficiente para cumplir dicho objetivo. Solo pensar que mi historia contiene eso me hará sentir orgulloso y que agradezca y no pare de agradecer el don de vivir que, sin querer ni saber cómo, se me concedió.

Por eso, Lucía presente, debes cultivar tu inteligencia, porque en ella residen las virtudes del duro, tortuoso, difícil, maravilloso, bello y más grande regalo que se te ha concedido, que es tu vida. Y sobre todo no te olvides de que la fuerza del tiempo la empuja y tiene un final. Por ti y por los demás haz que Lucía historia merezca la pena. Estoy seguro de que alimentando tu tenue luz, Lucía, lo conseguirás.

Usted tiene el control

Este pilar en su vida es muy delicado y debe cultivarse desde sus inicios para llegar a ser fuerte. Además, requiere una disciplina diaria. Cultívelo para ser creador en su vida, para poder autorrealizarse, para tener el control y decidir dónde está el límite, siempre y cuando quiera que este exista. Porque crear no significa que las situaciones en el mundo ocurran tal cual uno quiere, sino que sea lo que sea lo que suceda puedas dominarlo y no te someta.

Explorar es nuestra naturaleza. A diferencia de los animales, podemos llegar a ser conscientes de una manera increíble. Consciencia y conocimiento son una relación íntima. Se componen del prefijo «con-», que significa unión, junto, todo; al que se le añade «-ciencia» (cualidad del que sabe) o «*nocere*» («-nocimiento»), que significa conocer.

La conciencia no es más que tener conocimiento. La consciencia nos ayuda a distinguir, a enfocar la vida. Imagine que en su día a día no fuera capaz de distinguir entre el frío o el calor. No sería capaz de distinguir si el café está caliente y podría quemarse la boca. No abrigarse adecuadamente podría hacer que enfermara y cuando se bañe podría lastimar su piel. Somos conscientes de ello, porque es básico. Moriríamos si no fuéramos capaces de distinguir uno de otro. Hoy vivimos en el mundo de la información; conocer nos permite distinguir entre el calor y el frío del nuevo mundo que se está creando. El conocimiento no es más que la memoria de nuestra experiencia vital. Por eso es tan importante extenderla lo máximo que se pueda.

Capítulo 3. El pilar emocional

Las emociones cumplen un conjunto de funciones indispensables hoy en día en el ser humano tal y como lo conocemos. Las emociones permiten ejecutar principalmente tres tareas: de adaptación, cuando hay que dirigir una conducta a un objetivo; sociales, en la interacción con otras personas; o motivacionales, que intensifican una actitud determinada. Como bien dijo Mario Benedetti: «Cuando creíamos tener todas las repuestas, de pronto nos cambiaron todas las preguntas». Esta frase ilustra magníficamente estas funciones y la importancia de las emociones en nuestra existencia y, sobre todo, la adaptación a los cambios. Esto es pura teoría evolutiva. A lo largo de nuestra existencia tenemos que aprender a perder cosas y rehacernos. Eso da sentido y motivo a nuestras vidas, nos permite evolucionar y crecer. Porque todo se basa en aprender y mejorar.

Es evidente que las emociones están altamente vinculadas al pensamiento y al proceso de aprendizaje, tanto de forma positiva como negativa. De hecho, si hacemos un viaje en nuestra memoria al pasado de nuestras vidas podremos observar como nuestros grandes recuerdos poseen una fuerte carga emocional. Las asignaturas que más nos gustaban (con más carga emocional) o nos eran más fáciles de entender eran las que más aprendíamos. Igualmente pasaba con las personas y momentos que tenemos grabados.

El principal responsable del procesamiento de las emociones reside en nuestro cerebro, en concreto en el sistema límbico, donde se interpreta y desarrolla toda la emoción, ya sea positiva o negativa. Las emociones han sido de gran importancia evolutivamente y nuestra supervivencia reside en que exista una interconexión profunda con la memoria a largo plazo. Básicamente, esto funciona conectando un recuerdo con una sensación. De esta manera, ante un estímulo nos informará rápidamente de si lo que ocurre es bueno o es malo, si hay que huir o hay que quedarse.

Este punto está muy conectado con el anterior, con el pilar intelectual. Y es que, en este sentido, el plano emocional y, por lo tanto, la disposición anímica y la actitud son determinantes a la hora de aprender. Ello se debe a que los conocimientos se fijan de mejor forma cuando son estimulados por las emociones, y es que esta conjunción maximiza las actividades neuronales y sinápticas en el cerebro. La tecnología reciente nos permite afirmar todos estos hechos. Esto es muy lógico: una mala experiencia con un animal salvaje nos hacía aprender que teníamos que huir y una buena experiencia consiguiendo hacer fuego o usando una herramienta era memorizada rápidamente. Gracias a todo lo que se ha recopilado y estudiado, a día de hoy ha repercutido en que la inteligencia emocional pase a ocupar un papel fundamental en la educación.

La inteligencia emocional consiste en el control o uso adecuado de las emociones como refuerzo a nuestros pensamientos. El gran desarrollador de esta teoría ha sido Daniel Goleman, que básicamente se basa en los siguientes puntos:

1. **Conocimiento de sí mismo**. Esto es básicamente conocer cómo influyen nuestros sentimientos, emociones y estado de ánimo en nosotros mismos.
2. **Control de uno mismo**. Es la capacidad para gestionar las emociones propias y sacar rendimiento de ellas.
3. **Reconocimiento de las emociones sociales**. Interpretar correctamente las emociones de los demás. Es la base de la empatía y las buenas relaciones.
4. **Control en las relaciones interpersonales**. Esto consiste en gestionar y manejar las emociones sociales, abarcando el liderazgo y los conflictos.

Las ventajas y el desarrollo de estos puntos consisten en establecer estrategias para resolver problemas personales y sociales con soluciones favorables.

Las emociones surgen en el cerebro, pero son transmitidas al cuerpo de una manera rápida, movilizando energías y hormonas a través de este. Lo que se crea en el cerebro se materializa en todo el cuerpo; por ello, cuidar de nuestras emociones es también cuidar del cuerpo.

Razón y emoción. El conflicto en una decisión

Es muy frecuente escuchar en nuestros días que la cabeza nos dice una cosa y el corazón nos dice otra, pero, lógicamente, esto no ocurre de verdad así. Solo se le ha dado al corazón un papel o rol que realmente no tiene.

El corazón es un músculo, encargado de impulsar el flujo sanguíneo a todos los lugares del cuerpo. A veces se acelera o ralentiza, según las necesidades y demandas, pero el corazón no habla, solo late. Luego todas las ideas y pensamientos provienen de un único lugar, la cabeza. El concepto de corazón y cerebro es solo metafórico y proviene de la antigüedad, donde, quizás por sus movimientos rítmicos y su frecuencia junto a la emoción, se creó esta relación e interpretación. El corazón se relacionó sobre todo con el sentimiento de amor y expresiones como «dar el corazón» o «romper el corazón» están muy enraizadas en el lenguaje. Hoy se sabe que esto no es así realmente, luego ha pasado a convertirse en metáfora. El cuerpo solo necesita atención y, al contrario, mucha gente tiene prejuicios o ideas preconcebidas del cerebro. Si nos sumergimos en el cerebro podremos llegar a la mente. La mente es el conjunto de capacidades cognitivas del cerebro. Se podría decir que es esa voz. Tiene una parte consciente, otra inconsciente y otra procedimental. La mente no somos nosotros, sino que es un órgano más y constituye la herramienta propia del ser humano. Este órgano hay que entender que funciona de diferentes formas y esto crea confusión. En el cerebro hay pensamiento y hay emoción. Se suele pensar que esto es muy diferente y que están completamente separadas, pero no es así. La realidad es que el modo en que pensamos precede a la manera en que nos vamos a emocionar. Por ejemplo, si se piensa en qué rica estará la comida que se va a comer hoy, se emocionará alegremente hacia eso. Si se piensa sobre lo repugnante que es lo que se va a comer, generará emociones desagradables.

El pensamiento es más rápido y se produce en primer lugar. Después llega la emoción. Son el mismo actor con una diferencia temporal, solo tienen velocidades diferentes, llegando uno antes y otra después. Por eso, cuando se cambia la idea que tenemos sobre algo, dependiendo de lo involucrados que estemos emocionalmente, el cerebro parece decir una cosa y el corazón otra, pero no es así. La emoción acaba alcanzando más pronto o más tarde al pensamiento. Por eso se suele decir otra famosa expresión, que el tiempo lo cura todo.

Cuando hay que tomar una decisión importante en nuestra vida, cuando se trata de qué hacer, lo más importante es buscar la claridad de pensamiento sobre ese algo, si de verdad el camino que se piensa tomar aportará algo en tu vida o no lo hará. Nuestra vida es nuestra más preciada posesión y se debe observar que si se invierte en algo, esta inversión debe tener algún significado para ti en los próximos años: que cuando seas mayor y mires atrás pienses que tuvo sentido para ti, ya sea de manera positiva o no tan positiva, como un gran aprendizaje. No debes hacer algo que sepas que te va a hacer mal. Frank Sinatra decía: «Vive cada día como si fuera el último». Steve Jobs la remató, diciendo 'que si cada día lo vives como si fuera el último alguna vez tendrás razón'. Esto hace hincapié en la importancia de las decisiones y de cómo contrastarlas mirando al corto plazo. El futuro es incierto y construcciones sobre esperanzas o miedos, en muchos casos, nos alejan de lo que realmente se quiere.

Nuestras posibilidades en cada día son limitadas, así como las decisiones que se pueden tomar. El pensamiento debe estar guiado por nuestro propio fin, buscando un significado, valor o propósito en todo aquello que hacemos y en las decisiones que se toman. El hecho de proyectarlas a un futuro finito es una herramienta útil, porque sea lo que sea lo que decida no se equivocará, porque usted llevaba el mando y solo usted decide cómo se siguió construyendo su persona después de eso. La opinión o el consejo de los demás pueden tener cierto peso, pero jamás debe permitir que ellos elijan o decidan. Si no toma la decisión por si mismo (ya sea acertada o equivocada), usted no es dueño de su vida, porque no la construye usted. No importa lo que le digan los demás, debe decidir usted. Sea cual sea el desenlace, es más importante que lo viva porque usted decidió vivirlo y no porque otro lo eligió por usted. La decisión debe estar de acuerdo a sus valores, principios y significado. Si aprecia su vida, debe asegurarse de hacer algo genial de ella. Y esto no va de copiar la vida o la experiencia de otro, porque jamás será igual, sino de hacer el mejor trabajo con la suya.

A la hora de tomar una decisión importante hay que aislarse de todos (padres, amigos, pareja...). En la soledad propia de uno mismo, así será plenamente suya. Podrá esculpir su vida. Deberá conocer el orden de sus valores, principios e ideas que entran en juego. Finalmente, tendrá que proyectarla a un futuro. ¿Le dará significado o valor a su futuro yo? ¿Qué otra opción hay mejor?

Cuando pase un poco el tiempo, las emociones acompañarán a la decisión o pensamiento. No debe preocuparse por ello.

La comunicación de las emociones

La comunicación nos permite transmitir, recibir e intercambiar información. Gracias a esta actividad enriquecedora se obtienen siempre unos resultados. Una adecuada comunicación nos conduce a obtener unas consecuencias deseadas. A grandes rasgos, se contempla la comunicación verbal mediante palabras y la no verbal mediante gestos, signos, etc., es decir, sin palabras. Cuando se trata de sentimientos, la complejidad se eleva en estos dos aspectos de la comunicación al entrar muchos más factores en cuenta y, por ende, las capacidades para comunicarse adecuadamente han de ser mejor manejadas.

No existe una forma de comunicación universal. La comunicación evoluciona y se adapta. De esta manera, en función de las necesidades que se han tenido se han desarrollado multitud de estructuras y vocabulario específico para describir circunstancias. En campos específicos se utilizan los llamados tecnicismos para ello. Sin embargo, esto es completamente diferente cuando se habla de sentimientos. Así pues, la lectura y la interpretación son diferentes para cada individuo debido a multitud de factores como son los sociales, culturales, edad o sexo, entre otros. Digamos que cuando se comunican sentimientos hay que interpretar idiomas, y es que cada persona se comunica en un idioma diferente y propio. Algunos idiomas tienen mucho en común, como el español y el portugués; otros son muy diferentes, como el inglés y el japonés. No todas las personas comunican del mismo modo su alegría, las hay más prudentes y otras más exacerbadas, e igualmente existen ciertos patrones similares. Se debe ser muy consciente de este punto. Y es que cuando se habla de sentimientos las ideas no brotan en muchas ocasiones de una forma cartesiana, sino con ironía, sarcasmo, sin orden e incluso mezclándose con otros temas.

Es muy importante en la comunicación de los sentimientos interpretar a la persona con la que nos comunicamos. En primer lugar, escuchar e intentar entender desde el punto de vista ajeno. En multitud de ocasiones se interpretan los sentimientos como si fueran nuestros y esto es un error. Para comunicar hay primero que escuchar y ponerse en la piel del otro y después intentar transmitir el mensaje en un lenguaje adecuado para esa persona. Y es que el receptor es muy importante. Un ejemplo de cómo nos afecta nuestra cultura sería una caricia o un beso a un desconocido. En las culturas latinas es una forma común de presentarse o comunicarse; en culturas de más al norte esto puede resultar incómodo e invasivo. Tampoco hay que verlo de un modo tan lejano. Solo hay que observar nuestro entorno y ver que nuestra manera de comunicarnos es diferente con gente de nuestra edad y mayor. Entre nuestros hermanos o amigos y con nuestros padres la manera de comunicarnos, solo considerando el lenguaje, ya es diferente.

A pesar de todo ello, se puede llegar a un punto en que la comunicación sea prácticamente imposible o que esta se encuentre excesivamente prejuiciada. En estas circunstancias existe un procedimiento para intentar adecuar nuestro mensaje lo máximo posible: utilizando la comunicación escrita. En la comunicación escrita desaparecen muchas de las posibles interpretaciones que ocurren en una comunicación oral o presencial. Esta comunicación es muy clara y concisa y puede constituir una forma de transmitir sentimientos a otra persona de la forma más adecuada por la razón de que se puede tomar más tiempo para escribir. Al releer se puede chequear el mensaje y hacerlo más preciso, lo que en un momento de conflicto o malinterpretación puede ser muy útil. Tras una fuerte tensión, donde la comunicación puede ser interpretada en multitud de posibilidades sin control, la comunicación escrita es una herramienta perfecta. Mediante una carta o escrito se podría comunicar lo que sentimos, siendo muy recurrido este formato para aclarar cosas con nuestra pareja o familiares. Un ejemplo de modelo de carta podría constituirse de los siguientes cuatro puntos para comunicarse tras una contraposición:

1. El asunto concreto que le ha molestado.
2. Consecuentemente, tus sentimientos, lo que le hace sentir.
3. Lo que realmente le gustaría que pasara.
4. Quien o lo que de verdad es importante para usted en todo ello.

Una vez desarrollada, puede ser dada al receptor para su lectura o ser leída por nosotros mismos en presencia del receptor.

Una mala comunicación puede ser la base de muchos conflictos y, en conclusión, la misma debe ser cuidada lo máximo posible.

El amor

El amor no tiene nada que ver con el conocimiento, la educación o el comportamiento. El amor se ha relacionado en la mente social como el sentimiento más alto, con lo divino y transcendente y con la obligación de amar al prójimo, pero al respecto es mucho más terrenal. El amor es solo una disposición, una manera de actuar cariñosa, afectuosa y dulcemente. De esta forma, uno puede hacerse responsable del mismo y elegir si ser amoroso o no.

Aunque existen muchos ideales sobre él, se puede considerar que gran parte de lo que se cree que es amor está condicionado, es decir, está sustentado en unas expectativas. El amor debería responder a lo que somos, pero en el caso del amor condicionado, y este se da a cambio de lo que se hace, se obtiene por la capacidad de alegrar o divertir, por el modo de comportarse, por estilo o pertenencias materiales, entre otros. Lo que ocurre es que en muchos casos no se suele amar por lo que realmente se es. Esta reflexión es planteada espléndidamente en el gran libro *La metamorfosis*, de Franz Kafka, en el cual una familia aprecia a su hijo por lo que le proporciona y cuando este deja de poder suministrar a la familia eso, esta lo aparta y se avergüenza de las limitaciones que ha adquirido, abandonándolo y echándolo de su vida.

Una de las razones por las que se crean condiciones a la hora de amar es el temor a que el amor no se produzca de una forma recíproca. Sin embargo, el amor no es un sentimiento que se encuentre en el recibir, sino en el dar. El amor tampoco se puede medir, porque si se intenta hacer es imposible que uno se sienta amado. Además, el amor no solo es un vínculo entre personas. Se puede aplicar amor a lo que se hace y a lo que se piensa. El amor existe a la hora de hacer un trabajo o cualquier actividad como deporte, cocinar, conducir y más. El amor se origina en el interior y la base del mismo se encuentra en el amor a nosotros mismos. En muchas ocasiones amarse a uno mismo se ha confundido de manera negativa con el ego. Igualmente, también nos hemos autoimpuesto una serie de condicionantes para amarnos, creando un significado erróneo. Amarse a uno mismo significa sacar la mejor versión de nosotros, que no debe confundirse tampoco con autoexigencia, sino con un avance consciente, constante y autocompasivo hacia una versión mejor de nosotros mismos.

El amor es uno de los sentimientos más poderosos en el ser humano, y es que somos los animales con capacidades conscientes más altas del mismo. En otras palabras, somos los seres con más potencial sobre este sentimiento. Empero, esto no es casual. El desarrollo del amor al nivel que somos capaces de experimentar es lo que nos ha llevado a la posición de poder que tenemos hoy como especie. El amor es un sentimiento profundo e imperecedero, capaz de sobreponerse a cualquier otro como el miedo o el odio e incluso dominar la voluntad. Es más, el verdadero sentimiento puro de amor transmite bienestar tanto a nosotros como a los que nos rodean. Como bien decía Antoine de Saint-Exupéry en su obra *El principito*, «el amor es lo único que crece cuando se reparte». El tomar conciencia del amor nos hace humanos. Y por peculiar que parezca, el amor es un rasgo adaptativo que se origina en la evolución a medida que los seres vivos se iban haciendo más complejos. Y es que conforme los seres vivos pluricelulares evolucionaban la vinculación con los progenitores en los primeros periodos de vida era muy importante. Un ejemplo de ello son los reptiles, los cuales prácticamente son autónomos desde su nacimiento. El gran salto se produce con los mamíferos, los cuales no solo necesitan cuidados y protección tras su nacimiento, sino que la vinculación implica también la nutrición. En el ser humano todo esto creció de una forma exponencial. El vínculo debía ser muy fuerte para que la supervivencia de la especie se mantuviera. De hecho, el ser humano es la especie que más tiempo necesita para tener autonomía propia y sobrevivir por sí solo. El amor entre los progenitores y la cría debía ser muy grande para que esto ocurriera así. Queda claro que el amor de padres a hijos es el amor más fuerte y original. Jamás experimentaremos un sentimiento tan fuerte como el que puede llegar a producirse de padres a hijos. Pero, aunque su mayor fuerza parte de ahí, el viaje por este sentimiento continúa por el amor en una pareja. Los homínidos bípedos, en su desplazamiento, cargaban con las crías, con las manos ocupadas y atendiendo las necesidades de las mismas. Se necesitaba un compañero que les procurase alimento y les ayudara en tareas de protección.

Hablamos de hace aproximadamente 3 millones de años. Una vez que las crías estuvieran destetadas y caminaran, probablemente las hembras quedaban aptas para un nuevo emparejamiento. Es muy importante en el proceso evolutivo que el cerebro creciera y que la pelvis se adaptara al bipedismo. Al ser la pelvis más estrecha, esto provoca que las crías nazcan en un estado menos desarrollado, pues el espacio entre los huesos es más pequeño. Como consecuencia, los bebés nacen en un estado más temprano y las primeras etapas de infancia se prolongan. Las relaciones con estos ingredientes se vuelven fuertes. Estas deben ser más duraderas para proteger y asegurar a la descendencia. En esta etapa se desarrolla el amor hacia nuestras parejas en unos niveles similares a los que se pueden lograr hoy.

Finalmente, el amor a nuestros coetáneos es el tercer tipo de amor en importancia y, por lo tanto, el que puede llegar a ser más lábil. Surge por un interés común, acompañado del desarrollo. De hecho, es apreciable en muchas especies animales. Es más fácil cazar en grupo. En una comunidad la capacidad de ayudarnos y sobrevivir es exponencial respecto a estar solos. La supervivencia es mayor y también existe protección frente a conflictos con otras comunidades. Este amor parte del interés, pero se consolida.

En definitiva, el amor es un sentimiento que se desarrolla evolutivamente, conformando una herramienta fundamental para llegar a donde hemos llegado hoy. Es uno de los sentimientos más fuertes, por no decir el que más se puede desarrollar sobre otros sentimientos, y constituye un cemento en la unión entre seres.

El amor en las relaciones

El sentimiento de amor podría definirse como un cierto nivel de dulzura que sentimos y proyectamos en nuestras acciones. Cuando se siente por otra persona y esta lo estimula, la sensación ocurre en el interior. El amor puede cambiar la perspectiva de todo y hacer que las cosas se vean de otra manera, lo que no quiere decir que en realidad las cosas sean diferentes o hayan cambiado. Ese cambio solo ocurre dentro de uno. A grandes rasgos, cuando alguien cae enamorado o se enamora utiliza a la otra persona como una especie de puente a nuevos sitios en su interior. Pero en realidad no hace falta un puente para llegar allí, porque el agua no cubre y se puede cruzar sin que prácticamente nos llegue al tobillo. El amor no necesita de ese puente; de hecho, el amor se puede crear. El amor consiste en dulcificar, en ser afectivos en nuestras acciones. El puente deriva de verlo y entenderlo de una forma externa, como si el amor llegara de fuera (como una flecha de Cupido). Desde esta perspectiva externa y conforme pasa el tiempo, una persona acaba buscando sacar felicidad de la otra persona. La gente busca a alguien que la haga feliz y ahí es donde comienza a convertirse el asunto en dificultoso y horrible, porque se pretende extraer felicidad de otra persona. Esta visión del amor y de la vida no debería apreciarse así. Nosotros debemos y podemos ser la fuente y el origen de ello. La felicidad o el amor existen dentro de ti y no provienen de otras personas ni del aire, luego no hay por qué buscarlos fuera. Ejemplo de ello es que somos capaces de amar a alguien que vive lejos o incluso a quien falleció.

Existen dos principales razones por la que nace o se crea una relación con otra persona: porque se quiere obtener algo de alguien o porque se quiere compartir algo con alguien. Esta última opción es la que lleva a un buen punto, mientras que la primera lleva a una situación en la que, cuando pase un tiempo y no se pueda conseguir lo que se quiere de la otra persona, la relación se volverá desapacible y poco amorosa. Están muy popularizados y muchas personas creen en conceptos como la pareja perfecta, medias naranjas o almas gemelas, pero por desgracia siempre llega un momento en que su relación se vuelve en contra de ellos y pierde su magia, convirtiéndose en horrible. Todo ello porque eligieron la opción equivocada, pensando que la otra persona era la fuente de su felicidad. La fuente de la felicidad y el amor es usted mismo y está dentro de usted, y la clave está en compartirla con la otra persona.

Por último, amar y querer son ideas diferentes: te amo no es lo mismo que te quiero y son dos conceptos que hay que diferenciar claramente. En el libro *De mi alma a la tuya*, de Viviana Baldo, se explica: si amas una flor, la riegas todos los días y la cuidas. Si la quieres, la arrancas y la llevas contigo. Podemos elegir entre amar o querer a las personas. Puede elegir solo querer en su vida, pero llegará un momento en que sienta que ha perdido el valor de las cosas y se sienta vacío por ello. Sin amor en su vida no se llega a ningún lado. Si se quiere avanzar en el mundo esto es necesario.

Compromiso en las relaciones

El compromiso constituye un pilar en la estabilidad emocional. Una relación comprometida debe ser exclusivamente entre dos personas, pues es común en muchas culturas que no solo se compromete la pareja, sino también las familias e incluso terceros. El compromiso puede llamarse de muchas maneras, aunque una de las más habituales es matrimonio, pero no debe confundirse con casarse siguiendo una ceremonia o un rito o bajo una autoridad. El compromiso es adquirir obligaciones con la otra persona. De esta forma, vivir a largo plazo en pareja, con compromiso, proporciona la alegría y la felicidad de estar juntos. Si no hay compromiso no se crea la estabilidad, pues la estabilidad se fundamenta en la obligación adquirida. Si solo se busca el placer es solo interés, es intentar obtener cosas de otra persona, y esto hace que no haya sentido de respeto, ya sea hacia la mente o hacia el cuerpo. Sin el compromiso, no hay valor en la relación.

El compromiso debe ser forjado desde la honestidad y el respeto y acompañarse de una propuesta de valor (tanto sentimental como sexual) donde se establezcan las bases de la relación. Así, hoy en día el marco de las relaciones respecto a generaciones anteriores es muy superior en lo que se refiere a las posibilidades de libertad o independencia, entre otras. La vida hoy no se entiende como antaño y esto debe ser considerado. La mejor manera de construir la relación es mediante una propuesta de valor propia y no adquirida o externa. El molde, las creencias o los modelos sociales que actualmente se tienen sobre lo que es una pareja y una relación han de ser modificados, adaptados o contrastados, porque no existen dos parejas iguales, sino que cada una posee su propia idiosincrasia. Con esto me estoy refiriendo a aspectos de convivencia, actividades que se comparten o si se desean hijos, entre otras muchas cuestiones más. Creando esta propuesta de valor se participa en el proceso de constitución de la relación a la vez que se honran las singularidades. Adquirir modelos ya creados o popularizados puede crear a largo plazo frustraciones o sensaciones de falta de libertad, que suelen ser causas habituales en las rupturas.

El compromiso de una relación hace que, aunque las cosas se pongan difíciles, la relación se mantenga y esto es lo fundamental en una pareja, porque siempre acaban llegando momentos de cierta dificultad. Cada persona es un ser independiente, con un punto de vista diferente. Las emociones fluctúan y los conflictos existen. De hecho, hoy podemos enfadarnos con nuestra pareja y no querer tenerla cerca, pero al día siguiente o al cabo de unas horas deseamos estar juntos de nuevo. Las relaciones se rompen frecuentemente por decisiones o acciones que se llevan a cabo de una forma alterada y radical, sin dejar que las cosas se tranquilicen y se analicen con cierta calma o distancia. En todas las relaciones pueden existir días mejores y peores y hay que saber llevar esos días menos buenos. Esto es fundamental para la conciencia humana, para sostener el pilar emocional de nuestra vida. Tanto el hombre como la mujer necesitan seguridad emocional, que cuando acabe el día y vuelvan a su hogar sepan que estará ahí, junto a su pareja o su familia.

El compromiso en una relación trae estabilidad a cierto grupo de necesidades humanas y debe realizarse de una manera sensata, haciéndose fundamental para organizar y dar estabilidad si se decide formar una familia. Un ser humano pequeño, un niño, es una vida vulnerable y requiere cuidados durante un gran periodo de su vida, hasta que alcanza cierto nivel de independencia. Un niño necesita un entorno estable para desarrollar plenamente sus facultades. De hecho, de pequeños se valora mucho la estabilidad en casa. Los niños siempre demandan a sus padres y las separaciones de los progenitores suelen afectar negativamente a los pequeños, sobre todo si existe el componente de conflicto. Quizás el proceso del compromiso es más cuestionado durante el tramo de edad entre los 18 y los 40 años. Son épocas de rebeldía y búsqueda de libertad al sentirse menos dependientes y donde la energía y las hormonas fluyen en su esplendor. Aproximadamente, después de este periodo de tiempo, que se podría situar a partir de los 40 años, se vuelve a buscar la estabilidad de nuevo en la vida. Si alguien se encuentra en una relación, sobre todo si hay niños, se debería construir una estabilidad y un compromiso. Si no le gusta ese tipo de vivencias no existe la obligación de hacerlo. Somos seres libres y no tenemos que comprometernos porque los demás lo hagan. Pero si se comienza un proyecto no se puede abandonar cuando no gusta algo de lo que pasa o cuando este no ha terminado al menos de consolidarse. A menos, claro está, que las circunstancias hagan imposible la relación.

Miedo

El miedo es una sensación desagradable y desapacible. Constituye una de las emociones primarias y fue desarrollado a lo largo de la evolución como forma de supervivencia ante situaciones de riesgo o amenaza. El máximo exponente del miedo es el terror y la ansiedad es la perpetuación del miedo en el cuerpo. Esta emoción puede verse descontrolada en muchos individuos, que la sobreexpresan demasiado asiduamente e incluso la llegan a perpetuar. Pero se debe considerar que los miedos no existen por sí. Los miedos son creaciones propias. En el miedo la mente se proyecta al futuro, y el futuro no existe aún. Se debe partir y ser conscientes de que no se puede superar algo que no existe. El miedo puede acompañar cierta situación, esto es natural, pero jamás debe impedirla por estar exclusivamente presente. En muchas ocasiones los miedos son adquiridos, aprendidos o inculcados en el entorno y a medida que se crece se van ampliando más. Se debe tomar conciencia de esto. Así, miedo a que nuestro punto de partida u origen no sea apropiado limita a no empezar; miedo a las capacidades o al fracaso provoca incredulidad en uno mismo, cuando lo peor es no avanzar y quedarse toda la vida sin intentar nada. Se siente miedo al rechazo, y es que hoy todo el mundo opina de todo y de todos, pero en realidad a nadie le importa esto en gran medida. De hecho, si mañana desaparecieras la gente seguiría haciendo su vida. Se siente miedo a confiar en uno mismo y, sin embargo, se confía en el taxista que nos transporta, en que cobraremos a final de mes por nuestro trabajo o en el médico que nos trata alguna dolencia, y sobre ninguno de ellos tenemos gran capacidad de intervención. Solo se puede intervenir en gran medida sobre nosotros mismos; por ello, si se confía en los anteriores, la confianza en uno mismo debe superar cualquier miedo. La vida va de conocer, explorar, sobrevivir, y este sentimiento no debe poder impedir nada de ello por su sola existencia.

El miedo se crea utilizando la mente, concretamente imaginando de un modo excesivo. Cosas que no han sucedido aún se crean en la cabeza, a lo que además se suma que lo más probable es que jamás suceda lo que se imagina. El miedo no debería perpetuarse en el pensamiento sobre las cosas y circunstancias. Para detener ese miedo o incluso esa ansiedad solo hay que renunciar a ese esfuerzo cerebral imaginativo y excesivo. El miedo tiene su lugar, su tiempo y su intensidad. Es un sentimiento que incluso se puede llegar a disfrutar. Si le gustan las películas del género de terror sabrá lo que digo. Hay mucha gente que disfruta de este género. En realidad, lo que sucede en la mente es eso: la imaginación es un estudio de cine que crea guiones de películas. Está bien crear alguna película de terror de vez en cuando, pero también se pueden generar otros tipos, como son las historias de amor, comedias, de aventuras o de suspense, entre otras. La gente entra en un patrón de crear imaginación de terror o miedo todo el tiempo, cuando van a salir de casa o un familiar viaja o básicamente cuando sale de su zona de confort. Solo hay que salir de ese patrón. Se puede crear otra cosa, que muy probablemente tampoco sucederá tal cual se imagine.

Alegría

Es la base del bienestar y cuando está presente se manifiesta en exuberancia. Todos la hemos experimentado y casi seguro hemos sentido momentos de alegría en los últimos días, pero no hemos conseguido mantenerlos en el tiempo. La alegría tiene una función motivacional importante e imprescindible a la hora de proyectar o ejecutar un objetivo. Esta emoción crea un enfoque positivo en nuestra mente, que nos permite obviar otras circunstancias también posibles que nos podrían entorpecer el logro. La alegría permitía a nuestros antepasados recorrer y pasar por dificultades, buscando algo mejor en sus vidas.

A día de hoy da la impresión de que alguien tiene que hacernos felices. Sin embargo, si se vuelve la vista hacia nuestra infancia, por lo general era más bien lo contario: parecía que más bien alguien tenía que quitarnos la felicidad para no estar así. Da la sensación en ocasiones de que cuando uno crece y se va convirtiendo en adulto esto se da la vuelta, invirtiéndose, a lo que se le suma que se nos vende y repite que la única meta en la vida es solo ser feliz.

En los últimos siglos el ser humano ha cambiado el mundo como nunca antes y ha buscado la felicidad en ello. Hoy un ciudadano normal tiene a su alcance cosas que ni los más poderosos de otras épocas tenían. Los grandes avances en ciencia y tecnología han traído comodidades inimaginables en nuestras vidas. Hemos transformado el planeta con altos costos humanos y de otros seres vivos, modificando ecosistemas y entornos, pero ¿somos ahora más felices que las generaciones precedentes?

La felicidad no está en lo material y nos equivocamos si la buscamos allí. La felicidad nace en valorar lo que ya existe. Solo el hecho de estar vivo es lo más genial y maravilloso, es un regalo concedido y el mayor bien que tenemos. Vivimos sin ser conscientes de nuestra mortalidad y la de los que nos rodean y de que todo lo que ocurre es gracias a que estamos vivos. Valorar este hecho y sentirnos agradecidos de él es muy importante. De media mueren unas 150.000 personas al día en el mundo. En algún momento nosotros o alguien a quien queremos será una de ellas. Valorando el regalo de la vida se empieza a cultivar la felicidad y la alegría.

Tristeza y desestabilización emocional

Es la emoción básica opuesta a la alegría. Esta emoción es muy importante y se mantiene junto a nosotros por sus ventajas evolutivas a lo largo de la historia. Cumple funciones como disminuir las funciones físicas, focalización en uno mismo y, por lo tanto, facilita el autoexamen de las circunstancias vividas. Por último, promueve sentimientos de empatía y sociabilización con el entorno. En su máximo exponente es una emoción fuerte e intensa: la depresión. En esta emoción los pensamientos no trabajan en favor del individuo, sino en su contra. La depresión es una enfermedad o trastorno mental. Existe como patología y constituye una de las principales enfermedades mentales de nuestro tiempo. Mucha gente la desarrolla porque está predispuesta a ello por su genética, no constituyendo la mayoría de los casos.

Las circunstancias externas son muy importantes en las enfermedades mentales, y es que una persona sana puede ser llevada a estos estados de enfermedad mental, residiendo la razón en la transición continuada a estados de locura. De esta manera, el enfado, la ira, la irritación o el furor son la base para alcanzarlos y, en consecuencia, han de ser evitados. Entre locura y cordura no hay prácticamente separación y el fin de una es el principio de la otra. Sentir estas emociones continuamente en el tiempo puede desembocar en estados de enfermedad mental. La separación es muy delgada, casi difusa, y un berrinche o un enfado solo llevan al instante al otro lado. De hecho, la gente piensa que tiene derecho y obligación a estar enfadada con alguien o con la gente por determinados hechos, o que se puede estar deprimido para captar la atención de los demás. Ocurre que estos juegos y viajes de unos estados a otros, incluso fingiendo, acaban siendo limitantes y terminan instaurando comportamientos en las personas, como si fueran los hábitos, de tal modo que cuando se desea volver a la coherencia ya no es fácil volver. Ese día la locura o la amargura serán una patología y se necesitará de un tratamiento, por lo que la enfermedad temporal y a veces fingida solo acaba acercando a la locura indefinida.

A lo largo de la vida, e incluso desde la infancia, algunos de estos malos hábitos se han ido instaurando en el subconsciente. En muchas ocasiones se suele cuidar y mimar en exceso a los niños cuando están enfermos. Al contrario, cuando están sanos e intentan llamar la atención se les suele ignorar en múltiples ocasiones. En esa época, un niño puede entender que la enfermedad es buena porque no hay que ir al cole, come su comida favorita y es el centro de atención. Entonces puede aprender el arte de caer enfermo. En los adultos, en muchos casos, enfermedades mentales como la depresión pueden llegar así. Fingiendo se gana atención. El problema puede ser que llegue un día en el que no haya retorno de ese estado. El cuerpo aprende a enfermarse si tiene más comodidad haciéndolo. En el lado opuesto tenemos a gente comprometida con sus proyectos personales, que cuando se encuentra mal sigue trabajando y focalizada en sus asuntos, bien porque su familia depende de ello o porque es una aspiración propia. Esta actitud influye en cierta manera en la recuperación de la enfermedad. Son las típicas personas que siguen con su trabajo aunque tengan un dolor de cabeza o unas décimas de fiebre. Estas personas son las que con menos frecuencia enferman, pues una infección por un virus o bacterias es diferente en ellas. Es como si se «inactivasen». No es la enfermedad la que les impide su objetivo, sino que en muchas ocasiones es la mente. En el lugar opuesto tenemos a personas que continuamente habitan un estado enfermizo, quejicoso y raro es el momento en el que no les duele o les pasa algo. La actitud frente a la dificultad, ya sea una dolencia o enfermedad, es decisiva.

Hoy está demostrado que una actitud positiva y motivada ante una enfermedad experimenta mejor recuperación que un individuo que presente una actitud pesimista y apenada, y por ello los equipos médicos cada vez más se preocupan por este aspecto en sus pacientes.

Por todo ello, se deben crear incentivos de salud para uno mismo y los suyos y evitar los incentivos de enfermedad. Por ejemplo, un niño tiene que saber que cuando está enfermo no tiene tanto privilegio como cuando está normal. Claro que debe estar cuidado, pero se deben guardar más las distancias con él, no puede jugar o estar con sus amigos. Por esta razón, prestémosle más atención cuando esté alegre y saludable. La salud mental reside en que vale la pena estar alegre y no vale la pena estar enfermo. Se debe entender a todos los niveles, mental y fisiológicamente, que estar enfermo no trae ningún beneficio y estar alegre sí da beneficios. Aplicando esto a nuestro alrededor todo se comportará adecuadamente, porque la mente y los pensamientos se pueden enfocar para el lado de la enfermedad o para el otro. Siempre existen circunstancias difíciles y existirán, pero en esos momentos es cuando nuestra conciencia e inteligencia más deben respaldarnos. Y es que la vida es eso, una constante puesta a prueba. Debemos esforzarnos por conducir nuestra mente, porque la otra opción es dejarnos llevar por las circunstancias. Muchas personas, ante sus dificultosas circunstancias, decidieron esforzarse en poner su mente en sus aspiraciones y no en sus limitaciones o su pena. Uno de los grandes científicos de los últimos años ilustra todo ello: el enorme Stephen Hawking.

A Stephen le fue diagnosticada esclerosis lateral amiotrófica (ELA) a los 21 años. A él, un alumno brillante de la Universidad de Oxford, le fueron pronosticados un par de años de vida en una enfermedad cuya esperanza de vida era inferior a la actual, tasada hoy en dos años aproximadamente. Imaginen un chaval joven y con un gran futuro a la vista en esas circunstancias, tras la indigesta noticia. A pesar de ello, Stephen continuó con sus planes, logrando su grado en Física y Matemáticas y acabando sus estudios universitarios con unos niveles de excelencia muy elevados. Es más, contrajo matrimonio con su pareja y empezó sus estudios de doctorado y los acabó, logrando varios años después excelentes calificaciones. Stephen Hawking no solo tuvo dificultades para moverse, también tuvo grandes dificultades para comunicarse. Todos le recordamos parcialmente torcido e inmóvil en su silla y con su voz sintetizada por un ordenador. Imagínense de nuevo un divulgador científico e investigador con problemas para comunicarse, y en áreas tan sumamente específicas de la ciencia. Todo ello no le hizo parar durante su vida y constantemente publicaba y daba conferencias, convirtiéndose en un gran referente del estudio actual del Universo y en uno de los científicos más prolíficos y conocidos de la historia y de su tiempo. Stephen tampoco se limitó en su vida sentimental, pues se casó en dos ocasiones y tuvo tres hijos. Stephen falleció a los 76 años, 55 años después de su diagnóstico y superando todas las expectativas.

Él es un gran referente de que debe existir disciplina en nuestras facultades, pues, a diferencia de cualquier otro ser vivo, tenemos memoria e imaginación. Son nuestras virtudes y no las debemos invertir, es decir, que la memoria o la imaginación nos hagan sufrir y tengan esa connotación negativa. Se puede llegar a entender si se sufre una discapacidad, pero en gran parte de los casos hablamos de sufrir las propias capacidades y habilidades del individuo, sus propios dones. Hoy en día ocurre que el ser humano sufre su propia inteligencia y cree que para vivir tiene que quitársela, capando o durmiendo partes del cerebro. Para no caer en ello, se debe enfocar de una manera intensa en lo que hacemos. Piense y elija dónde y hágalo.

Empoderarse

Comúnmente se piensa que somos los amos de nuestra vida, pero esta percepción no siempre es así y no siempre se tiene el poder sobre la misma en numerosas ocasiones. Por un segundo realice el siguiente ejercicio de imaginación. Desde un poder superior o institución nos dicen lo que tenemos que comer, cómo vestir, en qué trabajar, cuántas horas dormir y con quién nos podemos relacionar y con quién no. Creo que usted piensa en estos momentos que eso se trata de una esclavitud y la actitud que habría que tomar sería la rebeldía y la lucha para conseguir la libertad. Ahora imagine que alguien nos enfurece, nos entristece o necesitamos a cierta persona para poder ser felices. Eso es también la esclavitud. Si alguien puede decidir sobre sus sentimientos y es capaz de cambiarlos, si alguien hace que sea positivo o negativo, o que esté triste o contento, también es esclavitud.

En la vida las cosas externas a nosotros no suelen suceder tal y como las pensamos, las imaginamos o las queremos. Los sentimientos pueden ocurrir principalmente de dos formas: gustosamente o desagradablemente. Si las emociones dependen en su mayoría de lo que pasa a su alrededor, lo más probable es que se sienta desagradable. Para empezar a controlar todo esto, se comienza creando distancia entre uno mismo y las cosas que acontecen. Todos conocemos lo que es interno y lo que es externo a nosotros. No podrá influir en lo que pasa fuera de usted, pero sí se puede determinar la experiencia interna si se hace cargo de ello. Si lo deja a su aire, cualquiera lo hará, tanto conscientemente como por accidente.

Capítulo 4. El pilar espiritual

¿Quién eres? ¿Un nombre? ¿Su manera de ser? ¿Su cuerpo? ¿Su mente?

Por un momento, imagine que no hubiera nacido donde ha nacido, sino en otra familia, con unos padres diferentes, en otro país o en otra cultura. Su estilo de vestirse, su forma de alimentarse y comportase, sus creencias, entre otras tantas cosas, podrían ser diferentes a los que tiene hoy y esto puede ser el punto de partida a las preguntas anteriores y a este capítulo.

Como especie, el ser humano es el último peldaño en la evolución. Y es que este posee el sistema nervioso más avanzado que existe, superior a cualquier otro ser vivo conocido. Somos los únicos que nos denominamos ser («seres humanos») y los únicos conscientes de nosotros mismos, todo ello consecuencia de multitud de acontecimientos que han sucedido en el Universo. Bellamente, podríamos decir que somos el Universo tomando consciencia de su propia existencia. A este sofisticado *hardware* que es nuestro cuerpo se le une un potente *software*: nuestro proceso psicológico, el cual ocurre dependiendo de la memoria.

La memoria es fundamental y se pueden distinguir dos tipos. Una a nivel inferior, que se encuentra en todas las células de nuestro cuerpo, concretamente en el material genético y en los genes. En ellos se guardan miles de años de evolución y de antepasados. A un nivel superior tenemos el encéfalo, donde destaca el cerebro, que actúa como un gran disco duro y que va guardando la información que experimentamos a lo largo de la vida a través de todos nuestros sentidos. Todo este conjunto de datos almacenados en nuestra cabeza determina el tipo de pensamiento y, por tanto, de emoción que producimos: es nuestro proceso psicológico. Todas las interpretaciones que se hagan de las cosas y de los hechos vienen condicionadas por esto.

La vida posee multitud de aspectos. En el caso del espiritual, este reside en experimentar la vida como tal y no los accesorios que la componen. Y con accesorio me refiero al proceso psicológico, es decir, es nuestro, pero no nosotros. Al igual que nuestra mano y nuestra pierna son nuestras, si por un accidente las perdiésemos no dejaríamos de ser nosotros. Tenemos un concepto de propiedad porque la mano o la pierna es nuestra, es una posesión, pero no son nosotros. Dado lo explicado anteriormente, igual ocurre con el pensamiento y las emociones. Hay que distinguir que son nuestras, pero no son nosotros. Esto es muy importante de considerar, pues gran parte de las frustraciones de nuestra sociedad vienen derivadas de esta identificación e interpretación. Cuando el proceso psicológico está bien orientado se puede disfrutar y cuando no, se puede sufrir. Un ejemplo muy común es el hecho de comer uno de nuestros platos favoritos. Cuando lo comemos lo disfrutamos y llega un momento en el cual lo terminamos y pasamos a realizar otras actividades. Pero ¿qué ocurriría si lo único que pudiéramos hacer fuera comer, o solo comer lo mismo día tras día? Ese placer se terminaría convirtiendo en sufrimiento. Esto es lo que sucede cuando nos identificamos con el proceso psicológico. Este está constituido por información que se ha recogido de fuera: nuestras vivencias. De hecho, si fuera posible borrarnos toda la memoria tendríamos otro pensamiento ante las mismas circunstancias, pues proviene directamente desde la memoria. Al igual que en distintas etapas de nuestra vida esta memoria es diferente y ante una misma circunstancia hubiéramos reaccionado de manera diferente a los diez años comparado con nuestro yo de edad actual. Así, por ejemplo, nos puede divertir un hecho, como pudiera ser tirar un petardo. Con su edad actual el mismo hecho le podría resultar desagradable. Es lo mismo, y lo único que ha cambiado es que ha ampliado su memoria, experiencia vital o, en definitiva, su proceso psicológico ha cambiado.

Además, la memoria no es algo que se puede controlar, de ahí que debemos separar la identificación con la misma. La información almacenada se capta y se recoge a través de los sentidos y entra en nosotros de forma inevitable. Solo con el hecho de salir a la calle recibimos olores, sonidos y cosas que vemos, que se van grabando en nosotros, al igual que una conversación con extraños o con conocidos. Posteriormente, el reconocimiento hace que la información que llega se organice como positiva, negativa, bonita, fea, etc. Estoy seguro de que lejos de casa habrá recibido un olor familiar, un ruido o hemos dicho que algo nos recuerda a algo que conocemos muy bien. A lo largo de la vida recogemos y adquirimos mucha información que pasa a ser nuestra, pero no podemos decir que esta información somos nosotros mismos ni, por tanto, identificarnos con ella.

En nuestra sociedad, lo que se piensa se ha convertido en algo más importante que la vida que somos. El ser humano ha perdido la perspectiva de lo ínfimo y pequeño que es, haciendo que un mal pensamiento lleve a dar un día por malo, porque se ha identificado con ello. Está en nuestro poder crear la emoción y el pensamiento que se quiera, o al menos dirigirlos. Son inevitables la mayoría de experiencias que nos ocurren a diario y que dejan huella en nosotros, pero los pensamientos que las acompañan pueden procesarse en mayor o menor medida. No van a dejar de existir, pero tratándolos de la manera correcta no tienen por qué afectar de una forma que no se quiera. El proceso psicológico muchas veces es como una nube que tapa el sol. El sol tiene un tamaño de más de un millón de kilómetros; una nube tal vez pueda llegar a un kilómetro. Sin embargo, esta nube puede taparlo, pero de nosotros depende que sea solo un tiempo en el que pacientemente esperar, sabiendo que el viento la va a arrastrar o que también podemos desplazarnos para quitar la nube de nuestra vista.

Nuestro cuerpo es solo un cúmulo de átomos más de este planeta, que se transforma a lo largo de la existencia del mismo. Ser conscientes de todo aquello que hemos adquirido por nuestra cultura y lugar de nacimiento, entre otras cosas, intentando ver la vida tal cual es, sin prejuzgarla y apartando el ego, constituye el inicio del pilar espiritual.

La dimensión espiritual

En definitiva, esta dimensión se constituye por nuestro núcleo, nuestro interior, y junto a él se entrelazan nuestros valores, principios y prioridades.

La nutrición de este pilar deriva de grandes fuentes inspiradoras que nos conectan con los cimientos humanos intemporales. Este interior es único y las maneras de cultivarlo también pueden ser diferentes, aunque algunas de ellas pueden encontrarse en la reflexión, en lecturas u obras de arte inspiradoras o todo tipo de acciones que nos hagan profundizar en nuestros valores y en nosotros mismos, ayudándonos a autoconocernos. También la meditación, la música o la comunicación con la naturaleza pueden ser caminos de estimularlo y enriquecerlo. El caos, el ruido o el materialismo suelen desconectarnos de esta área. Para volver a ella, los caminos de armonía y la paz nos pueden restablecer a la misma.

El ejercicio de este pilar exige dedicación y tiempo. Solo hay que contemplar cómo grandes maestros espirituales dedican totalmente su vida a esta área, ya sea orando, rezando o meditando. La atención tiene una importancia fundamental, pues debe ser disciplinada para poder concentrarla. Su ejercicio reside, en un primer paso, en reunir nuestra atención tal y como una especie de foco de luz. Después ese foco debe centrarse en nosotros mismos, en mirar nuestro interior, analizando lo que hacemos y nuestras acciones. Las acciones que son capaces de servir a los demás actúan conectándonos entre nosotros de un modo profundo y, por lo tanto, también cultivan este pilar, alimentando valores.

El cultivo de esta área hace que lo que ocurre en nuestro exterior carezca de la importancia que a veces le otorgamos. La mayoría de las cosas externas a nosotros no se pueden controlar, pero sí es posible controlar lo que sucede en nuestro interior y cómo responder ante tal cosa. Ante una determinada situación existe la posibilidad de enfadarnos o permanecer en paz y tranquilidad. Los maestros espirituales intentan conservar su paz y serenidad la mayor parte del tiempo. De hecho, el pilar espiritual nos mantiene en pie cuando las circunstancias son difíciles o se aproximan decisiones complejas. Un pilar espiritual fuerte nos permite superar todo esto, porque las cosas que pasan no son ni buenas ni malas. Solo hay que saber convivir con ellas. La vida es un viaje, e igual que llegamos a este mundo un día tocará marchar. Vivir de acuerdo a sus principios y valores hace que logr sus propósitos y desarrolle su ser, pudiendo dar sentido a su existencia y encontrando armonía en los acontecimientos. La mayor batalla de la vida se libra en el interior.

Dios y las creencias

Como concepto, Dios aparece cuando el ser humano contempla la creación. Desde sus albores como especie, el ser humano empieza a ser consciente de sí mismo y de los cientos de cosas que existen a su alrededor. El ser humano desarrolla su mente y gracias a ello puede realizar pensamientos complejos, desarrollando ideas y reflexiones. El Universo en el que vivimos es grandioso y complejo. A día de hoy existen más preguntas que respuestas sobre el mismo, y no llegamos aún a explicar miles de fenómenos que ocurren en él. En sus primeros pasos por el planeta, el ser humano es consciente de que no ha creado todo, luego todo debe de haber sido creado. Hoy esto es un hecho y se puede afirmar que el ser humano no creó el Universo. Este ya existía millones de años antes de la existencia humana. Nuestro sistema solar o el planeta en el que vivimos existían antes, al igual que muchas otras especies de animales y plantas. Todos los fenómenos que han ocurrido a lo largo de la historia se han intentado explicar y las teorías o hipótesis han ido evolucionando. ¿Era la Tierra el centro del Universo? Luego fue el Sol y hoy se sabe que somos como una motita de polvo entre millones, en una galaxia más entre otras tantas.

Si se analiza la idea general que se tiene de Dios, es en gran parte de los casos una versión exagerada del reflejo de nuestra cultura, experiencia vital y de nosotros mismos como especie. La imagen que generalmente se posee de Dios en la cabeza es la de un hombre anciano. El anciano era y es considerado la persona sabia, característica que debe ser suprema en Dios. Se imagina a Dios como un hombre, pues también el sexo masculino ha representado el poder en gran parte de la historia y Dios es todopoderoso. Cuando se empieza a pensar que hubo un creador para todo se imagina así. Y es que ¿cuánto influye nuestra cultura en su interpretación? En Occidente Dios tiene la tez blanca. En otras culturas orientales posee los rasgos propios y en África sus dioses tienen tez negra. Culturas clásicas poseían multitud de dioses que explicaban cada suceso: Poseidón o Neptuno, el dios de los mares; o diosas como Atenea, que representaba la inteligencia. En otras culturas existen dioses para sus animales.

Otro punto en el concepto divino suele ser la distinción entre dos estructuras: una física, constituida por el cuerpo; y otra imperecedera, que es el alma o espíritu. La relevancia suele diferir entre las religiones, considerando el cuerpo sucio y pecaminoso y el alma limpia y pura. De otra forma, es similar a decir que Dios es puro y limpio y que la creación es sucia y pecaminosa, separando las estructuras y constituyendo creencias. La vida no funciona haciendo este tipo de distinciones entre lo bueno y malo. La vida funciona haciendo lo correcto, de la misma manera que no siempre gana un partido el que mejor juega, porque no se gana por jugar bien o mal. Se gana por meter gol.

Hubo una vez, hace mucho tiempo, una aldea en la cual sus habitantes empezaron a enfermar repentinamente. Además, las personas que enfermaban lo hacían de una zona en concreto de la aldea y los barrios de alrededor no se veían afectados. Al poco de que este hecho ocurriera, en la aldea se empezó a hablar de castigo divino a ciertas familias o a cierta zona, porque allí era donde enfermaba todo el mundo; la enfermedad entendía de dónde acababa un barrio y dónde empezaba el otro, llegando justo hasta la pared de la casa limitante. Pasado un tiempo, un habitante de la zona investigó sobre ello y después de recopilar mucha información al respecto llegó a la conclusión de que había una cosa en común al hecho: todas las casas de familias enfermas se nutrían de un pozo en concreto, el que correspondía a su barrio, haciendo un gran hallazgo epidemiológico.

De esta historia hoy se podría deducir que lo que en realidad pasaba en aquel lugar no es que hubiera mucha gente con maldad y con pecados, sino que más bien las aguas de aquel pozo habían sido contaminadas por un patógeno. Las creencias en general satisfacen dando una respuesta, pero, como se ha dicho con anterioridad, la vida no funciona distinguiendo bueno de malo, sino lo correcto de lo incorrecto, y llegar a lo correcto conlleva en muchas veces un esfuerzo, como le llevó al habitante de la historia.

Si nos detenemos a pensar, ninguna definición que realicemos de nosotros mismos es del todo correcta, puesto que es finita. Las palabras tienen limitaciones y nunca serían suficientes para explicar tantas facetas de nosotros mismos. Conocemos el famoso «una imagen vale más que mil palabras», y es que describir de por sí una situación solo con palabras es muy complejo. Si solo somos una pieza de la creación, el Creador sería imposible de definir y conceptualizar por lo tanto. Además, hay que considerar que nuestras capacidades y percepciones son limitadas, pues existen muchas cosas en el Universo que no somos capaces de percibir. Solo en sonidos y radiaciones captamos una pequeñísima fracción y tampoco podemos ver los microorganismos como los de la historia a simple vista. Por ello, no se puede crear conocimiento de Dios y, como se ha presentado en el párrafo anterior, todas las conceptualizaciones que se hagan están influidas en mayor o menor medida por la cultura o la experiencia vital. Un ejemplo metafórico que ilustre mejor lo que se quiere decir sería el de la capacidad de percepción de una hormiga. Este insecto limita su vida y sus acciones, *grosso modo*, a proteger su colonia, obtener alimento y colaborar con sus similares. ¿Cómo puede percibir una hormiga a un humano? Muy leve y limitadamente, debido a su tamaño, a sus sentidos y a que no tiene capacidades superiores para pensar. Una hormiga, por ejemplo, no es capaz de percibir la dimensión temporal, no es capaz de percibir el tiempo. Para ella no existe ni el pasado ni el futuro, solo el presente. Ante el concepto de Dios seríamos como una hormiga en limitaciones. A esto se le suma que, en relación a nuestra percepción y capacidades, todas las cosas que pasan y han pasado en el Universo pueden ser comparadas con un mar. Nuestro cerebro sería como un pequeño recipiente que llenamos a cucharadas de ese mar. Jamás podremos poner todo el mar en el recipiente por dos motivos: uno, que el recipiente tiene una capacidad limitada; y el otro es que se necesitaría una eternidad para que, cucharada a cucharada, vaciásemos ese mar.

Las creencias han tenido y tienen un papel muy importante en el ser humano, sobre todo cuando la creencia se convierte en ley. Algunas personas dedican su vida a ser soldados de Dios y obligan a los demás a cumplir esta ley, llegando en casos extremos a matar en su nombre. El ser humano es una criatura insignificante en la enorme creación. Dios, que es todopoderoso, no necesita de un humano para que trabaje para él. En ocasiones el ser humano hace daño a sus semejantes, destruye e incluso se cree un pequeño dios. Se olvida de la debilidad de su carne y de su insignificancia en un cosmos donde nuestro hogar, nuestro planeta, es como una partícula de polvo que flota.

Hoy se sabe que el ser humano (*Homo sapiens*) no apareció en el planeta Tierra hasta hace solo 300.000 años. Las bacterias (hace 3.500 millones de años), plantas, insectos y otros muchos animales aparecieron en la Tierra antes que el ser humano. Antes del ser humano, por tanto, ¿había Dios en el planeta? El concepto que se tiene de Dios solo existe en la mente humana. Que haya un hombre gestionando y juzgando lo que pasa en el planeta deriva de un pensamiento infantil. La gente que se adora ya existió, es decir, es pasado. Jesús, Mahoma, Buda... pasaron por la vida y tuvieron su camino, sus problemas y dificultades por la Tierra. Fueron iconos y ejemplos a seguir por muchos y hoy se les admira. Es muy bueno que existan referentes en la vida y buscar inspiración en grandes individuos, personalidades y hechos, pero desde la falta de honestidad y humildad se pueden inventar cosas y creer en ellas, lo que se aproxima a la tragedia. Se debe aprender a ver lo que no se sabe como lo que no se sabe, porque hacer lo contrario es peligroso, pues cuando se dice «creo», esto puede tener un valor superior a lo que ocurre a nuestro alrededor, a la realidad o a la misma existencia, teniendo en ocasiones más peso o valor una creencia que un creador.

La fe

Se entiende fe como un conjunto de creencias. Las creencias suelen derivar de nuestra cultura, de experiencias en las que alguien nos la inculcó o de otras circunstancias, haciendo que cuando se crea algo pensemos que tenemos fe.

La fe prescinde de la mente. Quiero decir que al ser la mente una herramienta destinada a la reflexión, la exploración y el aprendizaje, este uso no utiliza prácticamente su naturaleza. Sin embargo, con frecuencia la mente suele ser usada para tareas diferentes a las nombradas como, por ejemplo, sacar conclusiones de todo o establecer creencias, empleándola en tareas inferiores. Es como si se usara un teléfono de última tecnología y muy potente solo como despertador. Sería usarlo de un modo muy inferior al que tiene su diseño. Un despertador analógico podría hacer lo mismo. Un *smartphone* o teléfono inteligente puede realizar prácticamente infinitas funciones gracias a las aplicaciones y a la conectividad que puede desarrollar. Así pues, existe la posibilidad de vivir la vida de una manera más intensa y profunda con experiencias y conocimientos y no con creencias sobre cualquier circunstancia. Esta es la importancia de la mente. Si solo se fundamenta en obtener conclusiones de todo, no se necesita de una estructura tan compleja como de la que disponemos. Es como el ejemplo del *smartphone* y el despertador. Y aquí es donde atañe este apartado, en que en muchas situaciones se tratan de arreglar con fe acontecimientos donde se hace presente la duda, la ignorancia o la sospecha, obviando que, en la mayoría, un poco de lógica (dando un uso más provechoso a la mente) puede ajustar el enfoque que se tiene de las cosas.

A partir de aquí quiero ilustrar que la vida puede ser entendida sin tener que tomar posiciones concluyentes ni absolutas. No existe una verdad absoluta en todas las cosas. La mente debe tener flexibilidad y no establecer posiciones de este estilo. Que la mente crea o no crea (creer o no creer) es lo mismo, porque toma una posición definitiva frente a un todo o una parte de ese todo. Vivir de manera espiritual no exige esto; solo estar presente, sin tomar posiciones definitivas, porque cuando se toma una opinión en muchos casos significa que ya no se está receptivo a nada más, ya sean proyectos, personas, vida alrededor o incluso a nosotros mismos. La vida es pulirnos a nosotros mismos y mejorarnos. Formar una opinión o conclusión es no buscar nada, no mejorar nada, yendo en contra de este significado. Es como vivir inmóvil, como un muerto.

Ciertamente, las conclusiones traen cierto nivel de certeza y confianza. Cuando se cree, se confía; pero confianza sin claridad es una debacle. Es mejor apreciar las cosas con claridad, aunque estas presenten limitaciones, que con creencias o fe. Imagine que se encuentra perdido en un paraje natural y se ha refugiado en un árbol. Ya han pasado muchas horas, hace calor y tiene sed. Al alcance de su vista hay una charca, pero en el trayecto pueden aparecer animales salvajes. Existen dos formas de ir. Una es con claridad de sentidos: mirando bien, escuchando y al más mínimo peligro volver a nuestro árbol. Y la otra es solo con fe, con confianza. Si se hace solo con esta segunda opción, puede que sea la presa de algún animal hambriento. El problema de la fe es que a veces funciona, no habiendo en ese momento ningún depredador cerca, y ese es el problema y el mayor desastre. Para ir a beber no se necesita confianza, sino agudeza, claridad y estar alerta, porque de lo contrario puedes morir. Igual ocurre en nuestra vida: no se necesita confianza. Se puede estar bien solo estando alerta, sin saber nada. Sócrates ya lo mencionaba en su famoso «solo sé que no sé nada» y realmente no sabemos nada de la naturaleza de la existencia. ¿O acaso no es verdad? Los conocimientos que tenemos sobre el nacimiento del Universo son muy recientes y son teorías y postulados. No sabemos nada sobre cuándo acabará el Universo, por qué se formó la materia, si existen múltiples dimensiones del mismo o el por qué de las leyes gravitacionales o electromagnéticas. No sabes cuándo morirá o qué pasará mañana en su vida y eso es aceptable y está bien para todos. La mente con fe lo sabe todo: lo que está bien y mal, dónde irá cuando muera, lo que hará allí, el porqué de su creación, lo que tiene que hacer para ganarse el paraíso, etc. Se debe prescindir de esta clase de conocimiento, porque el estado más poderoso y profundo de una persona es una ignorancia reconocida y consciente por nosotros mismos como un «soy ignorante». Ese estado supera a cualquiera basado en un conocimiento ya establecido o concluido. Cada día deberíamos centrarnos en ver las cosas sin un prejuicio, de una forma más fresca, abandonando conclusiones que existen a nuestro alrededor. No significa abandonar nuestra experiencia anterior ni nuestros conocimientos, solo tener un enfoque limpio, que nos permita no perder posibilidades en el día a día. Por consiguiente, cuando la gente vea ya problemas, con una perspectiva limpia se podrán ver posibilidades. El problema más grande deriva del momento en que se concluye, y se suele hacer de forma muy concreta respaldado por una creencia o autoridad, construyendo una verdad que no es.

Desarrollo y práctica de la espiritualidad

La experiencia vital puede ser convertida en gran parte en la aplicación del pilar espiritual. De hecho, en mayor o en menor medida todos tenemos un proceso espiritual. Lo hemos alimentado con aspiraciones o con deseo de crecer: con más poder, dinero, felicidad… Pero esto no es el camino correcto, pues a la larga presenta desilusiones, problemas y decepciones. La manera en la que experimentamos la vida es nuestra creación, descartando, obviamente, cosas banales como son una casa, un coche o dinero.

Seguir una religión tampoco tiene, por ende, el desarrollo de la espiritualidad, sobre todo cuando esta se centra en pautar el comportamiento. En efecto, estas series de pautas pueden evolucionar con el tiempo, se podría decir como una adaptación de la religión. El cristianismo es un claro ejemplo de modernización. Conceptos que eran condenables o juzgados antaño hoy son más laxos o no poseen tantísima importancia. La religión evoluciona con la cultura. Las culturas árabes también se están modernizando. Cada década se pueden apreciar ligeros cambio de rol. El papel de las mujeres tomó mucha importancia en las culturas occidentales y hoy también está cambiando en otras culturas, al igual que la forma de entender la sexualidad. Los conceptos han evolucionado de una generación a otra rápidamente y de igual manera evoluciona la religión a la hora de tratarla. De existir condenas a muerte y castigos por ciertos pecados a ir disolviéndose y aceptándose en la actualidad su inaplicación.

De los millones de personas que habitaron este mundo, todas sintieron en mayor o menor medida la alegría, el amor, la tristeza, etc. Las experiencias son las mismas a lo largo de la historia en el ser humano: un día ganó, otro perdió. Dependiendo de sus circunstancias, pudo ser una cosecha, una cacería, un negocio o una inversión en nuestros tiempos. El problema viene cuando se considera que la versión subjetiva de la vida es más importante que la disposición de la vida a nuestro alrededor. La gente describe la vida con dinero, ropa, el lugar que vive o sus posesiones. Sin embargo, esto se aleja del desarrollo espiritual. La muerte llega a todos y todo lo anterior pierde su valor cuando se compara con esta. Acercándonos al conocimiento de nuestro propio fin, este nos puede hacer más consciente de la auténtica dimensión de la vida. En base a ser más conscientes de nuestra experiencia vital, esta se puede empezar a mejorar. Siendo más conscientes de nuestra vida se pueden crear cambios en ella. Y estos cambios no provienen de fuera, sino de nuestro propio interior. Un ejemplo de la diferencia de ello es un amanecer. Este puede ser apreciado como un hecho cotidiano. Igualmente el beso de una madre. Pero ¿cómo actuaría si le dijeran que es el último, su último amanecer o su último beso? El nivel de conciencia al experimentarlo cambiaría drásticamente. El hecho es el mismo, pero el nivel de conciencia es muy diferente. La dimensión espiritual comienza con el despertar de la conciencia, cambiando la percepción del mundo. Ser más consciente no significa estar más alerta, sino enriquecer la experiencia vital, y un paso importante es el refinamiento de nuestra recepción de las cosas.

El cuerpo solo es un mecanismo o una máquina, con sus limitaciones, al igual que otros mecanismos que hemos creado como bicicletas, coches, barcos o aviones para viajar. Hoy con un telescopio vemos cosas que no hubiéramos podido observar en el pasado. Hemos necesitado un nuevo instrumento y gracias a él se ha mejorado la percepción que tenemos del Universo. Debemos mejorar nuestra percepción de las cosas y considerar la limitación de la percepción subjetiva. A partir de aquí es donde se debe trabajar nuestra espiritualidad como una herramienta para abrir dimensiones nuevas en la vida, de experimentarla con más profundidad, con más conciencia. Experimentar con profundidad en la vida es crucial, porque si no se mira por el telescopio no sabrás o creerás lo que ves. La diferencia entre perseguir un desarrollo espiritual y pasar de él es como mirar el cielo tal cual o verlo con el telescopio. El camino espiritual también va en ese sentido de que hay que poner voluntad para experimentarlo, porque es adentrarse en lo desconocido. Ejemplos de adentrarse en nuevos mundos ocurren en muchos ámbitos como la ciencia, conceptos que no existían hace unos años y otros tantos que siguen sin existir aún. Einstein abrió la puerta de la relatividad, explorando dimensiones; igual Copérnico con su teoría heliocéntrica. Se deben crear ventanas o mecanismos para acceder a esa dimensión espiritual de la vida y para ello, al igual que los descubridores, hay que usar el ingenio y el intelecto humano, de los cuales todos disponemos.

En la inteligencia existe el aspecto de indagar y penetrar, que es el que acaba de ser descrito en el párrafo anterior, y el aspecto de la memoria. En relación a este segundo aspecto, se puede decir que hoy en día todo está excesivamente basado en la memoria; sin embargo, el potencial está en estimular el primero. En él existen las cosas más maravillosas. Esto que explico no va sobre descubrir una nueva teoría ni un Universo, es conocerse a uno mismo y autocrearse. Su oración, su trabajo, su conocimiento y sus acciones son ingredientes de su vida y se pueden utilizar para crearla.

En la actualidad mucha gente se cree que sabe todo por haber leído un libro o un comentario. Basta ponerlo en un buscador de internet, copiarlo y pegarlo para creer o hacer creer que se sabe. Nuestra percepción del mundo depende de nuestra máquina, que ya hemos dicho que es limitada porque solo vemos la luz en el espectro visible, oímos en un rango de sonidos limitado y somos capaces de saborear limitados sabores de todos los que existen. La gente piensa que todo está basado en el ser humano, pero las cosas han existido antes y seguirían existiendo si este se extinguiera por alguna razón.

El ser humano es libre, tú eres libre para elegir si creer o no hacerlo. De la misma forma, independientemente de las creencias que se tengan, tampoco tiene que ver nada con la realidad tal cual es. La alternativa a ello es ser conscientes de nuestras limitaciones. Es el modo de estimular el aspecto de la penetración y restar importancia al de la memoria, que hoy cautiva todo. Ser conscientes de todo aquello que no sabemos o no alcanzamos a comprender. Esto estimulará el deseo de querer saber en el interior. Si aparece el anhelo surge la búsqueda y, por lo tanto, la posibilidad de saber y crecer espiritualmente existe.

La pérdida y el duelo

La vida es un cambio constante, una variación de todo. Las personas y las cosas llegan y de la misma forma en algún momento se van y desaparecen de nuestras vidas. La pérdida siempre está ahí y el lamento por la misma existe. El dinero y los bienes materiales pueden llegar a remplazarse por otros, pero en muchos casos, como la muerte de un ser vivo, esto no ocurre, lo que crea un dolor intenso y en ocasiones recóndito.

El duelo es el proceso que continúa a una pérdida y puede entenderse tal pérdida como un trabajo, una relación o una persona. El duelo va sobre que nosotros hemos perdido. Se genera, por lo tanto, en nuestro interior y luego es proyectado. El duelo no ocurre desde la pérdida, porque si no, ante la misma circunstancia, todos sentiríamos igual por lo mismo y esto no ocurre. De hecho, el duelo sentido por alguien cercano o muy cercano, como un familiar directo, es diferente al de una pérdida más distante o no tan directa, como un vecino o una persona famosa que solo hemos conocido de oídas. Aquí radica gran parte del problema que se extiende al respecto en nuestra sociedad: se ha construido nuestra propia persona en base a un conjunto de ladrillos. Esos ladrillos son «lo que tenemos», como un conjunto de personas con las que nos relacionados, un trabajo que ejercemos, un lugar donde se vive y demás. Cuando algunas de estas cosas se pierden, dejan un vacío en las personas. Es la sensación de pérdida y de duelo.

Las relaciones deberían originarse desde una base de plenitud personal o de un estado cercano a esta y no como estructuras para llenar nuestra vida con una relación familiar, de amistad o amorosa, entre otras. Si se usa una relación para buscar sentirnos completos, cuando esta acaba o se pierde nos sentimos incompletos. La pérdida de un ser querido afecta y en algunas ocasiones condiciona de una manera muy profunda el resto de la existencia de otro ser. Que quede claro que todo esto no trata sobre menospreciar la pérdida de alguien en absoluto, pero si nuestra relación está basada en compartir la plenitud no existe tal duelo. El dolor existe y no se puede evitar, pero depende de nosotros si permitimos que se transforme en sufrimiento.

Esto tampoco se trata de algo puntual en la pérdida, sino que debe ser un modo de vivir integrado dentro de nosotros. Lo que somos no debe estar determinado por lo que tenemos en nuestra vida. Quienes somos decide lo que tenemos en nuestras vidas y constituye el significado del proceso espiritual.

Meditación

Meditar es un ejercicio interior, una gimnasia. Es una estupenda manera de ejercitar nuestra conciencia y atención y ayuda a desarrollar nuestro potencial. Básicamente, la meditación busca afianzar la conciencia, la atención al cuerpo y a los sentidos.

El *mindfulness* moderno tiene su origen en la tradición budista. Exactamente, el tipo vipassana es el más extendido, que es el de la atención plena.

Cuando se medita se busca la quietud. Es como estar en un sitio muy caótico y ruidoso. No puede poner su atención en todo el caos y el ruido de su alrededor, eso genera tensión. Meditar es poner atención en lo que importa, es estar en un caos viendo pasar las cosas, pero con una perspectiva diferente, relajada. Un ejemplo de ello sería algo parecido a estar en la recepción de un hospital. Los pensamientos son como pacientes que entran o se marchan. Algunos son leves, pero otros vienen con urgencias muy escandalosas. Continuamente están entrando; en ocasiones estos pueden recordarnos a un ser querido o a nosotros mismos, haciendo que nos identifiquemos con ellos. La idea de meditar es atender a los pacientes justo en nuestras posibilidades y desviarlos al especialista que les pueda corresponder, pero no juzgarlos ni identificarnos con ellos, pues al final del día esto sería agotador y día tras día nos generaría un estrés que nos acabaríamos llevando incluso fuera del trabajo. Los pacientes y los pensamientos no se pueden parar, continuamente ocurren y llegan. Sentarse a meditar es verlo desde esa perspectiva, detenerse y ver la relación que tenemos con los pacientes de una forma distinta, y cuando hacemos esto podemos encontrar nuestra tranquilidad. Que a veces volvamos a involucrarnos es algo que siempre pasará, pero basta con recordarnos lo anterior.

Meditar es contemplar de un modo amable y bondadoso. Nuestra experiencia vital limita nuestra percepción y la manera de interpretar las cosas. Meditar consiste en prescindir de todo eso. Es despertar en nosotros un comportamiento más amoroso, sabio, compasivo y presente. Si nos detenemos a observar, todo lo que ocurre a nuestro alrededor es cambio. Nada perdura en la misma forma de una manera permanente. Cambiamos nosotros, física y mentalmente. Con el tiempo cambia nuestro modo de ver la vida y de pensar. Además, en la mayoría de los cambios que ocurren en el Universo no se puede influir. Ni siquiera se puede influir en la mayoría de las funciones de nuestro cuerpo. Lo único que hacemos es habitarlo.

Igual sucede con nuestros pensamientos, sentimientos, miedos, alegrías y penas. Es el ruido que ocurre a nuestro alrededor. Sin embargo, a medida que nuestra meditación va avanzando podemos centrarnos más en las cosas que nos importan. Imagine un perfume delicioso, su fragancia favorita. Usted se la pone en su mano y la huele. Las sensaciones que le transmite son increíbles, usted lo aprecia y se perfuma. A los pocos minutos su percepción se ha olvidado. La fragancia sigue ahí, pero usted ya la ha mezclado en el ruido y no la aprecia, no le transmite igual que la primera vez. De la misma manera ocurre con un plato de su comida favorita. Rememórelo. Ese primer bocado es delicioso; sin embargo, sigue comiendo con distracciones como televisión u otras cosas. El sabor sigue siendo el mismo, pero ya no le genera lo mismo. Imagínese que lleva mucho tiempo sin ver a un familiar muy allegado. Usted lo abraza, lo besa, pero al poco tiempo pueden estar discutiendo. ¿Qué ha sucedido en todos esos casos? Pues que su percepción ha cambiado. En eso consiste adiestrar la mente. No dejar que sea un ente libre. La mente apareció en la evolución para ayudarnos a solucionar problemas. La mente no somos nosotros; es un órgano más, un instrumento, y se puede aprender a controlarlo. El objetivo de la meditación es ese.

La meditación busca contemplar de una forma abierta nuestro cuerpo y nuestros sentidos y disponer nuestra perspectiva como la de un niño o un bebé que aprende y experimenta su vida. La meditación no es mantener un estado mental perpetuo. La meditación debe focalizarse en volvernos personas más abiertas a los que nos rodea y a recibir lo que nos depara la vida de una manera afectuosa, ya sean cosas positivas o negativas, manteniendo siempre un estado de baja tensión y estabilidad.

Meditar es concentrar nuestro enfoque para vivir plenamente, no con los problemas de ayer o mañana. Es estar en el ahora. Somos el ahora.

Los ingredientes fundamentales a la hora de meditar son:

- **Estado de aprendizaje y apertura**. Casi nada suele salir a la primera.
- **Disciplina**. Es como la musculación, el cuerpo de adapta. Si no se entrena con cierta disciplina, toda ejercitación decae.
- **Ser amable contigo mismo**. No se juzgues.

La postura

Su importancia no es fundamental, pero la espalda debe estar recta. Puede ser sentados en una silla, en el suelo con las piernas cruzadas e incluso tumbados en una cama. Hay que estar cómodos para permanecer lo más inmóviles posible durante un tiempo. La musculatura debe estar relajada lo máximo posible, tanto en las manos como en los pies.

El ejercicio

Consiste en estar lo más presente posible. Centrarnos en cómo se siente nuestro cuerpo, recorrerlo con el pensamiento. Al principio, las meditaciones suelen ayudarse de la respiración. Esto es muy común en las guiadas. Centrarnos en la respiración nos hace ayudarnos a ser conscientes del momento. Cómo entra el aire, cómo se siente. Meditar no es un ejercicio de respiración, se usa la respiración. Y es que la mente divaga pensando en temas y asuntos. Centrarse en la respiración ayuda a no dirigirse a eso.

A continuación la atención se centra en las sensaciones corporales. Estos son los principales pasos que seguir. A partir de ahí se puede ejercitar con más profundidad el enfoque en los sentimientos y las emociones.

La visualización de uno mismo es importante. Debemos hacerlo como si estuviéramos fuera de nosotros, como si nos observáramos desde una esquina elevada de la habitación, desde la cual nos analizamos. Luego continúa el análisis por dentro. Durante la meditación los pensamientos pasan y ocurren, es algo normal. El ejercicio es de observarlos y no de involucrarse en ellos. El ejercicio consiste en darnos cuenta de que en nuestra mente ocurren pensamientos y cuando ocurren nos centramos en el presente y no en ellos. Este ejercicio nos prepara para nuestra vida normal, pues cuando se está trabajando o estudiando nuestra mente se suele ir a otros temas. El entrenamiento nos ayudará a darnos cuenta de lo que pasa y volver nuestra atención al presente.

Lo que se expone aquí solo es una simple orientación y quien quiera desarrollar este campo en más profundidad deberá estudiar y seguir formándose al respecto, pues después de la focalización en la respiración y en las sensaciones corporales la meditación se adentra en ejercitar sentimientos y emociones. Por eso subrayo la simple orientación de lo que aquí se expone, porque los niveles pueden llegar a ser muy altos. Monjes dedican gran parte de su vida o incluso toda ella a este arte, pero en este caso todo es cuestión de empezar y mantener una disciplina diaria. 8-10 minutos en la mañana es un buen comienzo. No hay que llegar a un nivel elevado; basta con ejercitar nuestra atención, porque en realidad solo somos este justo momento.

Las drogas

Por último, he querido colocar aquí este apartado dedicado a las drogas, ya que en muchas ocasiones se suelen consumir en la búsqueda de una nueva sensación o experiencia, además de mi profesión farmacéutica, que me capacita como profesional de estas y demás sustancias medicamentosas. El consumo de drogas busca en muchos casos experiencias de tipo espiritual con su toma y estudios demuestran que estimulan circuitos neuronales similares. Dentro de las drogas las hay más potentes y más suaves. Su consumo suele iniciarse en una invitación. Quizás entre las causas de su empleo con fin ocioso está el romper con la rigidez conservadora de antaño unido al desarrollo de nuevos conocimientos y su uso en la industria.

Las drogas funcionan como una especie de piezas de puzle que encajan en interruptores naturales de nuestro cuerpo, los cuales se encuentran en las células. Un ejemplo de ello es la adrenalina: ante una situación de alta expectación, esta sustancia, que ya se encuentra en nuestro organismo de forma natural, es liberada de sus reservas, provocando una sensación general que todos hemos llegado a experimentar. Esto cumple una función que a lo largo de los años nos ha salvado de muchas situaciones y es por eso que la evolución la guardó en nuestro organismo. Cuando se consume una droga, se toma una sustancia que encaja en esos receptores naturales del cuerpo, haciendo que se experimente una respuesta similar a la natural con mayor o menor intensidad. Sin embargo, el gran problema de las drogas parte del entorpecimiento que generan en muchas situaciones, haciendo al individuo incapaz de gestionar situaciones en su vida. Al final, las drogas solo acaban proporcionando cierta sensación de paz, relajación, alerta, seguridad, meditación o poder, entre otras. Lo que en realidad ocurre es que las sustancias químicas que contienen estas drogas alteran el cuerpo, separándolo de su control y mermándolo, produciendo una falsa sensación que, al contrario del empoderamiento, hace inepto para controlar muchas cosas.

Las drogas suelen rodearse de un «envoltorio» muy atractivo. Muchos intereses en torno a ellas hacen venderlas de una manera apetecible. Ejemplos: que una vez no pasa nada, comparaciones con otras personas o prometedoras esperanzas de hacerte más capaz.

Las personas que consumen drogas son, en su mayoría, gente normal. Al principio los resultados pueden parecer positivos. A algunas drogas, como puede ser la marihuana, se les atribuyen propiedades de tranquilizar. Sin embargo, a medida que pasa el tiempo aparece la dependencia de ellas. Sea cual sea, los individuos empiezan a cambiar su comportamiento. Uno de los cambios más usuales es tender hacia comportamientos inquietos e irritables por cualquier cosa que les ocurre. Conforme continúa pasando el tiempo, las drogas convierten al individuo en un ser con menos control sobre las situaciones que le acontecen, haciendo que se pierda capacidad mental, como una niebla que impide diferenciar cosas o abstraer conceptos. Estas consecuencias provocan la irritabilidad, y es que no se pueden hacer las cosas como uno quiere. Las drogas crean incapacidad e incapacitados a lo largo de su uso. Y es que, además, cualquier cosa que se hace sin plena consciencia, reaccionando ante algo injusto o absurdo, provoca que sucedan más injusticias o más absurdeces, yendo el asunto siempre a peor. Las reacciones inconscientes llenan muchos ámbitos de nuestra sociedad, desde políticos y económicos a acciones asesoradas por dolor y rencor.

Los momentos de dificultad son puerta de entrada a estos tenebrosos mundos. Las respuestas a estas dificultades deben ir dirigidas desde la plena consciencia y el estudio de cómo puede entregarse a esa situación, de donde partiría la solución adecuada en ese complicado momento. Si existiera una sociedad en la que todo el mundo consume drogas indiscriminadamente de forma ociosa, no sería una sociedad mejor. No habría más alegrías ni más paz, no acabarían las guerras ni los conflictos. Solo basta con imaginar que el médico que le opera, el piloto de un avión o el conductor de autobús consuman drogas. ¿Confiaríamos en su labor?

Si se consumen drogas, lo máximo que se consigue es disfrutar de cómo hacen sentir, pero ¿son necesarias? ¿Se necesita fumar para ser feliz? ¿Es un fumador más pleno que uno que no lo hace? ¿Se necesita marihuana para tranquilizarse y cocaína para activarse?

Con el desarrollo de la consciencia y el cuidado del cuerpo puedes alcanzar las mismas sensaciones o superiores, además de tener el completo control de usted y de las situaciones que le rodean. Ejemplos de ello son las bibliografías de grandes personalidades que influenciaron a la humanidad. Sus logros fueron conseguidos en plenitud consciente.

Drogas comunes

El alcohol se introdujo en nuestra dieta hace siglos en forma de bebidas fermentadas como el vino o la cerveza. El tabaco también. Estas drogas son las más normalizadas y sus consecuencias a nivel de consciencia tienen lugar de un modo temporal, con efectos a largo plazo muy relacionados con la cantidad que se toma de las mismas. Una vez finalizan los efectos sobre la conciencia del alcohol se vuelve a la sobriedad, al control. Sus posibles daños a largo plazo recaen en el cuerpo, sobre todo en el hígado (que lo metaboliza) y el cerebro (deterioro cognitivo). El tabaco no tiene prácticamente afección en la conciencia, salvo por la adicción que provoca la nicotina. Sus consecuencias en el cuerpo son sobre todo a nivel pulmonar. Ambas drogas son legales y extendidas en la mayoría de los países del mundo.

El siguiente escalón a nivel de drogas suele ser ocupado por la marihuana. Personalmente, conocí durante mis años de instituto y universidad a compañeros y gente cercana que la consumían. Eran gente inteligente, con sus pequeñas metas, aspiraciones y problemas propios de la edad y sus ambientes familiares. Sin embargo, gran parte de ellos con el tiempo se fueron convirtiendo en personas más pasivas de las que conocí, más vacías de aspiraciones y objetivos en sus vidas. Además, mi experiencia sanitaria me dice que son los que más tienden a desarrollar enfermedades crónicas y dependen de medicación, sobre todo medicamentos del grupo psicótropos (medicamentos que actúan sobre el sistema nervioso central). Incluso hoy existe evidencia científica de que es una droga destructiva. El THC (componente de la marihuana) crea síndrome amotivacional al actuar en la glándula pineal. Existe evidencia científica sobre el perjuicio de fumar marihuana. Sin embargo, ciertos colectivos intentan extender sus «propiedades beneficiosas» por determinados intereses, pero todo esto es falso. Y subrayo en la marihuana fumada. No niego que existen principios activos, como en otras plantas, que pueden tener acción medicamentosa, pero han de ser aislados, dosificados y administrados en una manera correcta. La marihuana es la puerta a la autodestrucción. Y dejo sin mencionar otras drogas como éxtasis, cocaína o heroína, entre otras muchas, que se encuentran en los niveles de autoaniquilación más altos.

La cuestión definitiva es: ¿las drogas ociosas mejorarán su vida o la empeorarán? No se debe permitir a un ser humano convertirse en un ser inferior a lo que puede llegar a ser. Se debe magnificar todo lo que se es. La vida es un conjunto de experiencias, eso es todo. El tiempo que dure, ¿quiere perder la posibilidad de vivir consciente y tener el control?

Epílogo

Esto puede ser solo el principio. A partir de este punto usted decide cómo seguir viviendo su vida. Soy plenamente consciente de lo que abarca este libro a nivel de conceptos. Se suele decir que «el que mucho abarca poco aprieta» y, en este caso, muchos de los puntos que aquí aparecen se tratan de una manera muy ligera, sin gran profundidad o desde una perspectiva un tanto sencilla. Mi intención es que, *grosso modo*, usted sea consciente de estos puntos y que, si estima profundizar más en ellos, esta pequeña pincelada le haga indagar en la búsqueda de nuevas fuentes. Aquí solo se le han propuesto o marcado los que yo he considerado pilares fundamentales, pues, al igual que un montañero lleva una ropa adecuada y una preparación física para cumplir su objetivo, no siempre puede llevarlo a cabo. Lo que se ha ilustrado en este libro es solo eso, el atuendo, la preparación que va a requerir para afrontar un viaje. Cada viaje y destino es personal, ninguna persona lo ha vivido ni lo vivirá en toda la historia. Usted podrá tomar la mayoría de las decisiones que haya que tomar por el camino y usted elegirá en gran medida la montaña que quiere escalar. Pero no olvide algo fundamental en su mochila: la constancia, la disciplina y el esfuerzo para poder realizarlo. Necesitará estar y ser lo más consciente posible de todo para dirigirlo hacia su objetivo. Los resultados no son producto de un día o unas semanas, son resultado de la instauración de hábitos en el tiempo. Los cambios pequeños y constantes conducen a cambios enormes en el tiempo. Dada mi vinculación al área científica, me gustaría terminar este libro respaldando mis palabras con una exposición matemática sobre esto, a modo de ejemplo, y que a su vez puedo representar. Es la función exponencial que presento aquí abajo:

$$f(x) = a^x$$

Con esta función se pueden representar cambios. En este caso en concreto, se podría representar la instauración de hábitos o, más concretamente en esta situación, la mejora de un individuo a lo largo del tiempo. Si, por ejemplo, consideramos que nuestro valor (a) es la totalidad 1 (100 %) y no se cambia (ni se mejora ni se empeora) a lo largo de un año (365 días), la función no cambia de valor y puede ser representada así:

$$f(x) = 1^{365} = 1$$

En la función obtenemos un valor igual al inicial: 1 o el 100 %. No hay cambio, se está igual al cabo de un año. Sin embargo, si consideramos que cada día se mejora un 1 % (1,01), a nuestro resultado anterior, el valor cambia en gran consideración:

$$f(x) = (1,01)^{365} = 37,78$$

También puede obtenerse resultado a la inversa, empeorando cada día un 1 % (0,99):

$$f(x) = (0,99)^{365} = 0,026$$

Si representamos de forma gráfica estas fórmulas, se consigue visualizar e interpretar mejor lo que quiero exponer que ocurre con los cambios.

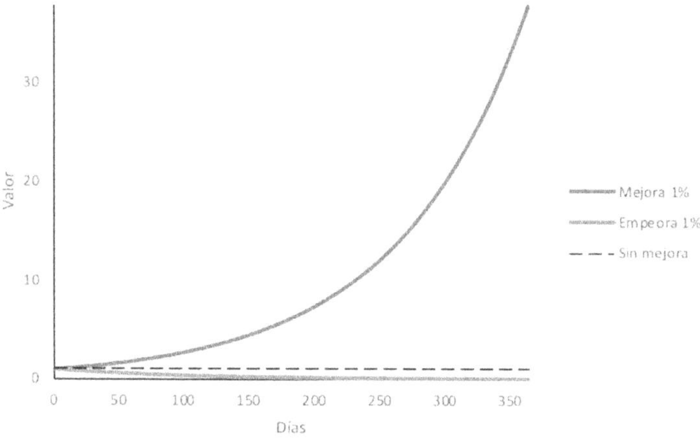

Al principio, en los primeros días, los resultados de los cambios son insignificantes, pareciendo que el multiplicador no produce cambios en la variable. Esto puede apreciarse a lo largo de los primeros 50 días en las tres líneas (discontinua, roja y azul), en las cuales son bastante inapreciables los cambios en los resultados. Sin embargo, conforme se avanza en la línea del tiempo se aprecian grandes cambios incrementales, obteniendo rendimientos cada vez más altos en la función, no solo aumentando, sino cada vez haciéndolo de una forma más rápida. Así, por ejemplo, en el día 100 se aprecia un leve distanciamiento, pero los resultados siguen siendo cercanos entre sí. A la mitad aproximada (183 días) se aprecian resultados más relevantes, pero es que los resultados de ahí en adelante no tienen comparación con la primera mitad del gráfico. En la segunda mitad del gráfico los resultados se disparan hacia arriba en la exponencial.

La conclusión que quiero sacar de esto es clara: los cambios necesitan de constancia más que de cantidad de mejora. Al principio prácticamente no se notan los resultados y estos tardan en llegar, se necesita paciencia. Los resultados interesantes están en el largo plazo y cuando llegan de verdad son muy contundentes. Tendrá que ser muy consciente de su meta y tener la paciencia para recoger los frutos de lo que plantó a lo largo del tiempo, porque para ello la vida funciona de una manera muy similar al modelo exponencial en muchos momentos.

Deseándole lo mejor y el disfrute de esta experiencia que es la vida, espero haber aportado algo a su día a día, tal y como adquirir todos estos conocimientos me aportó a mí. ¡Buen viaje!

Sobre el autor

Sebastián Peralta Galisteo (Córdoba, 1991) es Doctor en Farmacia por la Universidad de Granada, donde ha ejercido tanto su actividad investigadora como docente. Su inquietud en multitud de áreas le ha llevado a instruirse en diferentes campos relacionados con el ser humano. Con *Los pilares del potencial humano* busca divulgar conocimientos que empoderen al lector a construir una vida mejor, consciente y con un mayor bienestar.

Página de facebook:
https://www.facebook.com/Los-pilares-del-potencial-humano-109756764485431
Página de instagram:
https://www.instagram.com/sebastianyperalta/